Warenhaus

und

Kleinhandel

von

Professor Dr. **F. C. Huber,**

Stuttgart.

Berlin.

J. Guttentag, Verlagsbuchhandlung,

G. m. b. H.

1899.

Hofbuchdruckerei Zu Gutenberg (Carl Grüninger) in Stuttgart.

In den letzten Jahrzehnten hat der Kleinhandel verschiedene Wandlungen erfahren. Das Messgeschäft, das noch vor wenigen Jahrzehnten für manche ortsansässige Firmen die Hauptkonkurrenz bildete, trat mehr zurück. Dafür kam das Reise- und Filialgeschäft empor, und breiteten sich die Konsumvereine und Schein-Auktionen ungemein aus. Zugleich erhöhte sich die Zahl der Hausierer seit 1860 um das Zehnfache. Diese Wandlungen gelangten u. a. auch in einer langjährigen Agitation des Kleinhandelsstandes zum Ausdruck. Seit fünf Jahrzehnten wird er nicht müde, über die Bedrängnis durch die auswärtige und „kleine" Konkurrenz, d. h. über die Hausierer, lebhafte Klage zu führen. Seit den siebziger Jahren sind es zugleich die grosskapitalistischen Konkurrenten, die Wanderlager, seit den achtziger Jahren die Versandgeschäfte und Konsumvereine, später die Wirtschaftsvereine der Offiziere und Beamten, die als die Ursache der Untergrabung des selbständigen kaufmännischen Mittelstandes bezeichnet werden. Ende der achtziger Jahre breitete sich im Anschluss an das Reise- und Filialgeschäft eine neue übermächtige Konkurrenz aus: es sind das die Grossmagazine, Warenhäuser, Bazare. Bisher lag den Klagen mehr nur eine Minderung des Verdienstes der ortsansässigen Firmen durch Auswärtige zu Grunde. In den Warenhäusern tritt eine ansässige Firma selbst in Konkurrenz und zwar unter Anwendung eines grosskapitalistischen Verkaufssystems, das manchen Firmen die Existenz nicht mehr möglich macht. Diese Firmen gehören in der Hauptsache dem grossstädtischen Mercerie- und Quincailleriegeschäft an, das von den andern Konkurrenten, den Hausierern, Detailreisenden, Wanderlagern, Konsumvereinen und Versandgeschäften bisher noch nicht in nennenswertem Masse behelligt worden war.

Das System der Grossmagazine trat zuerst in England in den vierziger Jahren in Gestalt der Stores und der Bazars auf den Plan; eine neue Vertriebsmethode, welche sie anwandten, sollte es ihnen ermöglichen, mehr an die Käufer, an die Masse heranzukommen. Sie führten verschiedenartigen Branchen zugehörige Artikel, reizten die Kauflust durch grosse Schaufenster, die damals noch etwas Ungewohntes waren, durch Aushängung fixer Preise und gewisser Lockartikel (Angebot billiger Preise für die am meisten in die Augen fallenden Artikel), sowie durch eine intensive Reklame. Diese Vertriebsmethode wurde auch bald auf grosskapitalistischem Fusse eingerichtet, und zwar zuerst in dem sonst im Warenvertrieb äusserst konservativ gebliebenen Frankreich, nämlich 1855 in Paris in dem Grand Magasin du Louvre, das heute ein Kapital von 80 Mill. Mk. darstellt und dort bald verschiedene Nachahmer (Bon Marché, Printemps u. s. f.) fand. Der Gesamtumsatz dieser französischen Warenhäuser erreicht jährlich 380—400 Mill Mk., bei den grösseren beträgt das Kapital 30 bis 40 Mill. Mk., die Zahl der Angestellten mehrere Tausend; jedes von ihnen ersetzt wohl 1000—1500 Kleinhändler. In den sechziger Jahren erstanden ähnliche Geschäfte — gewöhnlich aus kleinen Anfängen heraus — in London (Whiteley mit 4500 Angestellten, Peter Robinson), New York-Philadelphia (Wannemaker), Mailand, Kopenhagen u. s. f.*

In der Folge nahm die Entwickelung in Frankreich einen anderen Gang, als in England und Amerika.

In Frankreich hat man dem Warenhauswesen schon in seiner ersten Entwickelung durch die Gesetzgebung Schranken setzen wollen, unter anderem auch durch eine Branchensteuer. Die Folge davon war, dass die Bazare dort eine weitere Ausdehnung in den Branchen nicht vorgenommen haben; man findet dort nicht, wie in den englischen und amerikanischen Warenhäusern, Bäckerei, Konditorei, Metzgerei, Delikatessewaren, Leichensteine und alles andere nur überhaupt Denkbare vertreten, sondern nur eine engbegrenzte Zahl von Branchen, die entweder für die Bekleidung und Wohnungseinrichtung oder für Haushalts- und Kücheneinrichtung oder für Eisenwaren u. s. f. sich eingerichtet haben. Aber dadurch, dass die Warenhäuser in der Branchenauswahl eng begrenzt waren, haben sie sich mit um so grösserer Macht auf die engen Branchen geworfen. Erst versuchten sie, für ihre Branche einen gewissen Einfluss auf die Mode zu gewinnen, dann diesen Einfluss zu vergrössern. Heute spielen sie für die Mode den absoluten Machtfaktor, und zwar nicht nur für den französischen, sondern für den Weltmarkt.

In England und Amerika existiert bis zum heutigen Tage keinerlei

---

* Bekanntere Grossmagazine sind ausserdem in London: Civil Service Supply Association, The Army and Navy Cooperative Society, Junior Army and Navy Stores, Civil Service Cooperation Society, Spiers & Pond; in

New York: Siegel Cooper Co., Ritt. Macy & Co., Steward, Ridley; in

Berlin: Warenhaus für Armee und Marine, Warenhaus für deutsche Beamte, A.-G., A. Wertheim, A. Jandorf & Co.

Beschränkung. Als Folge davon sehen wir auch in den englischen und amerikanischen Warenhäusern eine absolute Branchen-Ausdehnung. Neben Textilerzeugnissen, Quincaillerie- und Haushaltungsgegenständen führen sie Erzeugnisse der Bäckerei, Metzgerei, Konditorei, Särge, komplette Kutschen, Haustiere, wie Katzen, Hunde, kurz alles, was für das menschliche Leben von nöten ist. Alle diese Häuser, sowohl die englischen wie die amerikanischen, sehen davon ab, einen Einfluss zu gewinnen und die Mode zu dirigieren. Vielmehr legen sie grösseren Wert darauf, sämtliche menschlichen Bedürfnisse aufs vollständigste zu befriedigen. Sie bestreben sich, durch immer bessere Befriedigung einen immer grösseren Kundenkreis herbeizuführen. Da dies im Inland nicht recht mehr möglich ist, die Nacheiferung trotzdem aber eine recht lebendige ist, so bleibt den englischen und amerikanischen Warenhäusern nichts anderes übrig, als die Grenzen des engeren Vaterlandes zu überschreiten und englische Warenhäuser ins Ausland zu verlegen, wodurch der englischen Industrie ein ungeahntes Absatzgebiet eröffnet ist. —

Die Filialbetriebe haben mit den Warenhäusern die grosskapitalistische Kalkulation und Reklame gemein, unterscheiden sich aber von ihnen wesentlich durch die Specialisierung und die dadurch bestimmte Preisberechnung. Es wird zwar auch aus der Weiss-, Woll- und Kurzwarenbranche geklagt, dass die Filialen eine Reihe geringwertiger Artikel „unter dem Einkaufspreis abgeben und daraus eine Riesenreklame machen“. Im grossen und ganzen aber erweisen sich diejenigen Massenzweiggeschäfte, die sich auf den Vertrieb lediglich von Cigarren, Kolonialwaren, Delikatessen, Viktualien, Droguen, Schuh- oder Portefeuillewaren, Hüten, Schirmen u. s. w. konzentrieren, namentlich in der Reichshauptstadt, gerade als ein Bollwerk gegen die Preisschleuderei; die Warenhäuser konnten den Versuch, mit den Preisen der von den Filialgeschäften geführten Waren so weit herunter zu gehen, dass sie diese als Lockartikel verwenden konnten, nur vereinzelt und ohne Wirkung auf die Lage des Marktes unternehmen. —

Was die Entstehung dieser beiden grosskapitalistischen Betriebsformen anbelangt, so behauptet P. Dehn in seiner Broschüre „Die Grossbazare und Massenzweiggeschäfte“ S. 5 kurzweg: „Sie hängt zusammen mit der Entwickelung des unlauteren Wettbewerbs in Gestalt von Nachahmungen aller Art, Qualitätsfälschungen, Quantitätsverkürzungen, Scheinausverkäufen und Scheinauktionen, Gelegenheits-, Rester- und Partiegeschäften. Es gingen daraus zunächst kleinere Bazare hervor mit Einheitspreisen, Markbazare, 50-Pf.-Bazare, 25-Pf.-Bazare u. s. w. Allzulange Zeit hat man diese Geschäftspraktiken unbehindert emporwuchern lassen. Das Gesetz zur Bekämpfung des unlauteren Wettbewerbs kam viel zu spät.“ Diese

Behauptung ist viel zu allgemein. Der allgemeine Umschwung auf dem Gebiete des Kleinvertriebs ist in erster Linie eine Folge des Grossverkehrs und verfeinerten Konsums, und im Zusammenhange damit wären die Grossbazare aufgekommen, auch wenn schon vor fünfzig Jahren das Gesetz über den unlauteren Wettbewerb bestanden hätte. Die Vertriebsmethode und deren Illoyalität allein macht nicht das Wesen der Grossbazare und Massenzweiggeschäfte aus. Ihr Grundzug vielmehr ist der gleiche, der allen neueren grosskapitalistischen Konkurrenten des Detailhandels gemeinsam ist: es ist das auf der einen Seite der Massenabsatz und der Nutzen für die Masse der einzelnen Minderbegüterten, auf der andern Seite der Masseneinkauf und die Ausschaltung der Zwischenhand. Alle Gebiete von Handel und Gewerbe streben der Massenerzeugung und dem Massenumsatz bei kleinem Einzelgewinn, sowie dem direkten Verkehr zu. Dadurch werden auch auf der untersten Stufe der Warenausteilung, d. h. im Detailhandel, die bisherigen Aufschlagsprozente verringert und die Umformung in einen analogen Grossbetrieb nahegelegt.

Die erste Folge der Ausbreitung der modernen Verkehrsmittel und der Ausdehnung der Grossstädte war die Ausbildung des Geschäftsreisens und die Zurückdrängung des Messgeschäfts. In den Grossstädten kamen Detailgeschäfte grösseren Massstabs auf. Im Verein mit den dort ins Leben tretenden Fabriken, Grosshandlungen und Banken lenkten sie den Handelsverkehr mehr nach der Grossstadt hin. Für manche Detailgeschäfte hatte der Aufschwung ihres Absatzes die naturgemässe Folge, dass sie den Zwischenhandel allmählich entbehren konnten und ebenso, wie dieser, aus erster Hand kauften, da für den Fabrikanten bei Stellung seiner Offerte die Grösse des Bedarfs massgebend ist.*

---

* Für die Entwickelung des Filialbetriebs gab vielfach auch der hohe Kapitalwert der auf Lager zu haltenden Waren, z. B. in Möbeln, Edel- und Unedel-Metallwaren, oder die Umgestaltung der Arbeitsbedingungen den Anstoss. Das bekannteste Beispiel für letztere bietet das Aufkommen der Herren- und Damenkonfektion in den letzten Jahren und die damit zusammenhängenden Reisegeschäfte. An letztere verloren die Manufakturwarengeschäfte in der Provinz den Tuchhandel fast vollständig. Ferner sahen sich z. B. in Berlin die Cigarrenfabrikanten nicht mehr im stande, der Konkurrenz anderer Gegenden Deutschlands (z. B. gewisser Teile Westfalens, des Eichsfeldes und namentlich Badens) zu begegnen, weil die Berliner Arbeiter angesichts der verteuerten Lebensverhältnisse höhere Löhne fordern und erhalten mussten, als die unter vollständig anderen Bedingungen produzierenden Cigarrenmacher in den genannten Bezirken. Sollte nicht der ganze Fabrikationsbetrieb aufgelöst und

Daneben erfuhr der Konsum, namentlich in Manufaktur- und Kurzwaren, eine Steigerung und Verfeinerung. Das einzelne, auf seinen Bezirk beschränkte Ladengeschäft vermochte der Nachfrage nach all den Formen, Mustern und Grössen, die in fertig verarbeiteten Stücken nötig sind, nicht mehr zu genügen; der einzelne Kunde wandte sich an das auswärtige Geschäft, das ein reichhaltiges Sortiment bieten konnte, weil es am Sitze der Grossstadt oder auf Grund des Versandsystems für alles Absatz findet. So breiteten sich die Grossstadt- und Versandgeschäfte mehr und mehr aus.

Zugleich versuchten findige Köpfe eine intensivere Reklame. Insbesondere ist es keine neue Geschäftsmethode, dass manche Detaillisten, um „ins Geschäft zu kommen“ oder auch um ihr Geschäft leichter an den Mann zu bringen, marktgängige Verbrauchsgegenstände, sogen. „Lockartikel“, ohne Nutzen verkaufen und dadurch bei der Kundschaft die Vorstellung zu erwecken suchen, als ob auch in allen anderen Waren die Konkurrenz höhere Preise ansetze. Mit Recht betont Dr. Crüger: „Prüft man die Lage der Kolonialwarengeschäfte, wie sie z. B. in einem neu entstehenden Stadtteil wie Pilze aus der Erde emporschiessen, so findet man, dass alles auf Kredit eingerichtet ist; selten nur besitzt der Inhaber die notwendige Warenkenntnis; jeder Budiker führt Kolonialwaren und Delikatessen. Bald beginnt dann unter den neu eingerichteten Geschäften die Schleuder-Konkurrenz; jeder hat einen Artikel, den er besonders billig anpreist, mit dem er die Kundschaft anzulocken sucht. Es ist ein wahrer Vernichtungskampf, der hier unter den Händlern selbst geführt wird.“ —

Speciell für das Wesen der Warenhäuser ist es von Belang, festzuhalten, dass sie drei verschiedenartige Wurzeln haben, nämlich den kleinstädtischen* Bazar, das hauptsächlich auch der Fremdenindustrie dienende Grossgeschäft der Millionenstadt und das Messgeschäft.

---

damit eine grössere Anzahl zum Teil älterer und gebrechlicher Arbeiter brotlos gemacht werden, so bestand für die betreffenden Fabrikanten die einzige Möglichkeit, den Betrieb weiter fortzusetzen, darin, dass sie selbst den Detailverkauf ihrer Produkte in die Hand nahmen. Das konnte und kann bei der Natur des Artikels von einem gewissen Betriebsumfange an nur durch Filialen in den verschiedenen Stadtteilen geschehen.

* Diese eine Kategorie behält die Gepflogenheiten ihrer Herkunft mehr oder minder bei, hält auch Ramschwaren und „Lockartikel“. Sobald aber ihr Geschäftsumfang wächst, wird sie mehr und mehr zu Beobachtung der altbewährten kaufmännischen Grundsätze gezwungen.

Anfänglich kamen in der Damen-Konfektion, in Herrenkleidern oder Hüten oder Schuhwaren die grossen Ladengeschäfte mit der Schaustellung der den ausgestellten Waren angehefteten Preise auf. Bald folgten ähnliche Geschäfte in Quincaillerie-, Portefeuille-, Weiss- und Kurzwaren nach. Von da bis zum Warenhaus war es dann nur noch ein Schritt; der Gedanke, alle diese verschiedenerlei Artikel in einem Warenhaus zusammenzubringen, lag zu nahe, und wurde schliesslich spekulativ ausgebeutet.

Eine der Ursachen zu Gründung eines solchen Bazars (wie auch der des Detailreisens) ist, dass seit etwa drei Jahrzehnten die Detailgeschäfte (zuerst in der Baumwoll- und Papierbranche) begannen, ihren Grossisten zu verlassen und sich direkt an die Fabrik zu wenden. Dadurch wurde der Zwischenhandel unlohnend; der bisher vorzüglich wirkende Regulator zwischen Produzent und Konsument, der einstige Freund und Berater des Fabrikanten wie Kleinhändlers musste den veränderten Verkehrsverhältnissen weichen (s. unsere Ausführungen in dem Stuttgarter Handelskammerbericht pro 1880, S. 25—26).

Der Detaillistenstand sah der Entwickelung ruhig zu, solange „sich diese Grossunternehmungen auf Luxusartikel beschränkten, bei denen die Neuheit, der Geschmack und die Mode eine grosse Rolle spielen und daher die Preisstellung meist von diesen abhängig ist. Sie begnügten sich auch meist damit, Artikel zu führen, die zu einander gehören, wie z. B. Herren- und Damenbekleidung oder Ausstattungsgegenstände für Haus- und Wirtschaftseinrichtungen, Textil- und Modewaren u. s. w.“ Eine heftige Agitation aber brach los, als die Warenhäuser alle diejenigen Artikel — namentlich auch aus der Kurzwarenbranche — in ihren Bereich zogen, an denen noch bisher der kleine Kaufmann seinen Nutzen gefunden hatte.

Ableger dieses grosskapitalistischen Betriebs des Detailhandels, aber unter gleichzeitiger Anwendung des Specialisierungsprincips, sind die Filialgeschäfte für Kolonial- und Spezereiwaren, die Versandgeschäfte für Cigarren und Kolonialwaren (in Hamburg, Emmerich a. Rh., Loeser in Berlin, G. Schepeler in Frankfurt a. M.), die Abzahlungsgeschäfte, die Beamten- und Offizierskonsumvereine. Die Grossmagazine ferner, die sich mehr an die weibliche Kundschaft wenden und vorzugsweise den Bedarf an Modewaren (Manufaktur- und Kurzwaren) decken, werden hauptsächlich durch R. Hertzog und Hermann Gerson in Berlin repräsentiert.*

* Ebenso bekannt sind ferner Henneberg in Zürich (um dessen Verkaufs-

Den andern Ausgangspunkt für die Entwickelung der Warenhäuser bildet in Deutschland das Messgeschäft. Bis in die Mitte dieses Jahrhunderts waren für diejenigen Specialitäten, auf welche sich die Warenhäuser hauptsächlich verlegen, die sogen. „Messfabrikanten" tonangebend; ihre ganze Fabrikation bestand in dem Accommodieren der von andern erzeugten Artikel. Allmählich fanden es die wirklichen Fabrikanten als vorteilhafter, die Zwischenhand zu umgehen und selbst die Messe mit ihren Erzeugnissen zu besuchen. Durch diese Konkurrenz sah sich der bisherige Messfabrikant veranlasst, seine Kunden (Grossisten) in ihrer Behausung aufzusuchen. Die Folge war, dass der Besuch der Messeinkäufer nachliess. Die eigentlichen Fabrikanten warfen sich nun ebenfalls auf dieselbe Vertriebsweise und verdrängten wiederum den alten „Messfabrikanten" aus seiner Position. Hierdurch wurde letzterer zum direkten Absatz seiner Ware an kleinere Händler und schliesslich an das Publikum im Wege des Versands* oder der Errichtung mehrerer eigener Filialen gezwungen. Bei letzteren aber hat der Grossbetrieb im Detailwesen nicht Halt machen können: die Steigerung der Miets- und übrigen Spesen nötigte die Detailgeschäfte entweder ihren Nutzen entsprechend zu erhöhen oder ihren Umsatz zu steigern. Sie versuchten dies im Wege einer weiteren Organisation, ebenso in Deutschland wie in Frankreich, England und Amerika.

Noch vor kurzem glaubte man, dass die Zeit der Riesenverkaufshallen vorüber sei. Heute ist kein Zweifel mehr darüber, dass sich das Kapital mehr und mehr für sie interessiert. Die Erfolge der Gross-Geschäfte haben rasch Schule gemacht.

Im Deutschen Reich giebt es etwa 500, darunter 90 registrierte Warenhäuser.** Ihre geographische Verteilung ergiebt sich aus folgender Übersicht. Es giebt deren z. B.:

---

haus sich dort ein Dutzend konkurrierender Seidengeschäfte etabliert haben), und Mey & Edlich, die alles mögliche: Kleidungsstücke, Wäsche, Hüte, Schuhe, Haushaltungsgeräte, Schmucksachen, Cigarren, Schokolade, Thee u. s. w. versenden.

* So sind z. B. im Solinger Bezirk in den letzten Jahren etwa 40 Versandgeschäfte entstanden, die direkt an das Privatpublikum gehen.

** d. h. Firmen, die als „Warenhäuser" im Handelsregister eingetragen sind; darunter befinden sich manche, die nur Bazare oder Konsumvereine, keine Grossmagazine sind; (überhaupt legen sich neuerdings manche Detaillisten die vollklingende Firma „Warenhaus" bei, um den Schein zu erwecken, als böten sie ein besonders reichliches Assortiment und Engrospreise; solcher Firmen, die sich zu Unrecht als „Berliner Warenhaus", „Hamburger Engroslager" bezeichnen, giebt es schon mehrere hundert). Anderseits sind der Konkurrenz der Warenhäuser die vielen Filialen, welche die eigentlichen Warenhäuser an verschiedenen in Berlin 5, Potsdam 3, Spandau 2, in Rixdorf, Kottbus, Frankfurt a. O. je 1;

in Hamburg 6, Harburg 2, Altona 1, Flensburg 1, Bremen 2, Lüneburg 1, Ülzen 2;

je 1 in Kolberg (Pommern), Danzig, Graudenz, Tilsit, Konitz (Reg.-Bez. Marienwerder), Filehne (Posen), Prenzlau;

in Breslau 5, Beuthen 2, Oppeln 1;

in Dresden 3, je 1 in Meissen, Plauen, Freiberg i. S., Erfurt, Köthen, Weissenfels;

in Köln 4, Elberfeld-Barmen 2, in Bonn und St. Johann je 1;

in Kassel 7(?), Herborn 4(?); in Kolmar i. E. 6(?), Mülhausen i. E. 3;

in Freiburg i. B. und Karlsruhe je 1; in Stuttgart 2;

in München 2, Nürnberg 4, Augsburg 2, u. s. w. —

Was ist wohl die Ursache dieses raschen Emporkommens? Und welche Wirkung haben die Warenhäuser auf das allgemeine Erwerbsleben? Wir müssen bei der Untersuchung dieser Frage die rein volkswirtschaftliche und die socialpolitische Seite auseinanderhalten und unterziehen zuerst die volkswirtschaftliche einer Prüfung.

1) Volkswirtschaftliche Wirkung der Warenhäuser und Filialen.

Den einen Vorsprung geniessen die Warenhäuser in Bezug auf den Kredit. Sie setzen sich bekanntlich in die Lage, durchaus Barzahlung verlangen zu können, sie haben aber anderseits, und das wurde noch nirgends scharf genug hervorgehoben, einen Grosskredit, d. h. die enge Verbindung mit einer grösseren Bank zur Seite. Auch ein kapitalstarkes, „reguläres" Detailgeschäft vermag nicht, wie ein Warenhaus, in wenigen Jahren Umsätze von gleich enormer Höhe zu erzielen. Dazu gehörte eine, dem intensiven Kapitalumtrieb entsprechende intensive Kredit-Ausnützung.

Die Grundidee des heutigen Warenhauses ist der grosskapitalistische Massen-Einkauf an erster Quelle und der Vertrieb gemäss der Spekulation auf den Massenabsatz. Die Masse soll zunächst durch die Grossartigkeit der Einrichtungen angelockt werden; mög-

---

Orten unterhalten, und mehrere hundert Firmen zuzuzählen, die sich nicht als Warenhäuser bezeichnen, thatsächlich aber es sind, bezw. geworden sind. Von den letzteren beschränkt sich allerdings die Mehrzahl auf die Konfektion, sei es in Portefeuille- (Quincaillerie-) oder Schuhwaren oder in Herrenkleidern oder in Weiss- und Kurzwaren.

lichst sämtliche Bedürfnisse des konsumierenden Publikums werden in einem Raum zum Verkauf gestellt.* Jeder Besucher, sei er männlichen oder weiblichen Geschlechts, soll in den Warenhäusern seine Bedürfnisse, die er sonst gezwungen war, in einem Dutzend Läden zu kaufen, an einer Stelle versammelt finden. Schon in den sechziger Jahren lernten z. B. die Pariser Warenhäuser, dass sie bei billigsten Preisen für geringe Waren nicht bestehen konnten, sie mussten gute reguläre Artikel aufnehmen und dieselben schliesslich ebenso bezahlen, wie alle übrigen Sterblichen. Aber was man dem Publikum nicht mehr an Wohlfeilheit bieten kann, schafft man heute für seine Bequemlichkeit.*

Sodann wird die Preisunterbietung planmässig betrieben; durch „Reklame- und Zugartikel", sowie durch pfennigweise Ausrechnung der Preise und deren Aushängen im Schaufenster wird lediglich dem Zuge der Menge, das Billigste zu bevorzugen, Rechnung getragen. Manche Artikel werden unter den Selbstkosten verkauft. Viele Artikel können auch vermöge des grosskapitalistischen Betriebs wirklich billiger abgegeben werden. Die Konzentrierung des Geschäfts verschafft, wie überall, so auch einem Grossmagazin nicht nur die Möglichkeit einer erhöhten Leistungs- und Konkurrenzfähigkeit durch ein reicheres Assortiment, sondern auch die einer Ermässigung der Generalspesen und des billigeren Einkaufs an erster Quelle; dem Massen-Verkauf steht der Massen-Einkauf zur Seite; „im Einkauf liegt der Verdienst." Die Warenhäuser können sich mit einem geringeren prozentualen Nutzen bescheiden und dennoch rentieren,

---

* Es sind nicht die niederen Preise allein, welche das zarte Geschlecht zu den Konkurrenten des Kleinhändlers hinziehen. Seit einigen Jahrzehnten, mit dem Aufkommen des grösseren Aufwands für Komfort und äussere Repräsentation, sieht auch die Frau des „kleinen Mannes" — und sie macht das Gros der Käufer aus — immer mehr auf Luxus und Komfort und zwar in dem Geschäft, in dem sie kaufen soll, wie namentlich in ihrer eigenen Wohnung. Diesen Komfort nun, der häufig für die Wohnung der mittleren und unteren Klassen nur „Talmi"-Schmuck ist, bieten die Bazars und Warenhäuser in besonders reicher Auswahl an.

Ferner ist es der Frau des „kleinen Mannes" erwünscht, wenn sie auf den Jahreswechsel etwas Geld zur freieren Verfügung in die Hand bekommt. Diesem Bedürfnisse tragen die Konsumvereine mit ihrem System der Dividendenverteilung Rechnung. — Die den wohlhabenderen Kreisen angehörige Käuferin sodann fühlt sich durch die Grossmagazine und das ungezwungene grossstädtische Treiben in diesen prunkvollen Markthallen angezogen. Man heisst das „dem Zeitgeist entgegenkommen".

dadurch im allgemeinen neue Bedürfnisse wecken, den Konsum und die Konsumfähigkeit und damit auch die Fabrikation steigern.

Bis das Fabrikat an den Konsumenten gelangt, erhält es durch die Zwischenhand naturgemäss einen nicht unbeträchtlichen Zuschlag. Wohl ist dieser Zuschlag lediglich ein legitimer Ersatz des gehabten Aufwands und Risikos. Der Grossbetrieb jedoch, der direkt arbeitet, ist im stande, diesen Zuschlag auf einen geringeren Prozentsatz herabzudrücken.

Der Fabrikant kann mit den kleinen Detailleuren, die von einem Artikel meist nur für 20 Mk. oder 100 Mk. auf einmal bestellen, nicht direkt verkehren, das würde sich für ihn wegen der unverhältnismässigen Reisespesen nicht lohnen. Er giebt seine Fabrikate an Grossisten, welche mit einer Reihe von verschiedenen Fabrikanten arbeiten und dann durch ihre Reisenden den Detailgeschäften je eine ganze Kollektion verwandter Artikel vorlegen lassen. Aber diese Grossisten müssen im Hinblick auf ihre bedeutenden Reise- und anderen Handlungskosten, auch Geschäftsverluste, meist ca. 20 %, daraufschlagen.

Ebensoviel Prozente muss das Detailgeschäft, das, im grossen Durchschnitt, an Waren nur für 20—30 000 Mk. absetzt, auf die Ware schlagen, damit die Spesen und der Lebensunterhalt des Inhabers und seiner Familie gedeckt werden. Zudem ist der Kleinkaufmann oft seinem Lieferanten so verschuldet, dass er ihm in Bezug auf Bestellung und Preise nicht einmal selbständig gegenübertreten kann.

Anders das Grossmagazin es hat einen 50—200 mal so grossen Absatz, steht der Fabrik als übermächtiger Grosskonsument, der ihr die Preise diktiert, gegenüber und nützt schlagfertig jede Gelegenheit zu billigerem Einkauf (u. a. auch Zahlungsverlegenheiten, Konkurse etc.) aus.

Das Risiko wird durch die Beschränkung auf besonders gangbare Artikel und durch die Barzahlung eingeschränkt. Dazu kommt, dass diese Riesengeschäfte viel weniger von der Mode abhängig sind, als die kleinen Läden, vielmehr selbst bis zu einem gewissen Grade die Mode beeinflussen. Nimmt man die Ersparnisse an Transportkosten, die intensivere Ausnützung der Arbeitskräfte u. s. f. hinzu, so ergiebt sich, dass die flottgehenden Warenhäuser unzweifelhaft in der Lage sind, billiger abzugeben als die kleinen und mittleren Geschäfte. Und es wird wohl auch kaum bestritten werden können, dass sie, auch ganz abgesehen von den Lockartikeln, solange sie sich erst einen Kundenkreis zu erringen und noch zu thun haben, um überhaupt ins Geschäft zu kommen, thatsächlich billiger abzugeben pflegen. Selbst von ihren Gegnern wird dies mindestens indirekt in der Weise zugestanden, dass diese von den Warenhäusern behaupten, sie verdienen trotz ihrer Riesenumsätze häufig wenig oder nichts und schädigen dadurch die Finanzen von Staat und Gemeinde. —

Vom rein volkswirtschaftlichen Standpunkt aus führt ein ebenso massvoller, als objektiv urteilender, auf dem Gebiete des Handels als Autorität bekannter Nationalökonom, Professor Lexis in Göttingen, über die „lokalprotektionistischen Tendenzen“ in Schönbergs Handbuch, III. Auflage, 2. Bd. S. 874 aus .

„Es giebt solche Magazine, die mit einem Kapital von 10—15 Mill. Mark arbeiten und einen jährlichen Umsatz von 40—50 Mill. aufzuweisen haben. Wenn ein solches Unternehmen die ungeheure Kundschaft, die es zur Erhaltung seiner Existenz bedarf, gewinnen und festhalten will, so ist es genötigt, verhältnismässig gute Waren zu billigen Preisen zu liefern, und es ist dazu auch weit leichter im stande, als ein kleineres Geschäft. Es kommen nämlich dem ersteren zu gute: relativ geringere Generalkosten für Miete, Einrichtung, Heizung, Beleuchtung etc., weit intensivere Ausnutzung des Personals, da bei dem starken Zudrange des Publikums die Verkäufer und Verkäuferinnen fast unausgesetzt beschäftigt sind, rascher Umsatz auch solcher Artikel, die verhältnismässig weniger verlangt werden, geringer Verlust durch den Modewechsel, weil eben alles rasch abgesetzt wird, erhebliche Preisermässigungen von seiten der Fabrikanten wegen der aussergewöhnlichen Grösse der Bestellungen, die ein solches Magazin zu machen pflegt, ausschliesslich Barverkauf an die Abnehmer."

Im gleichen Sinne spricht sich Cohn, Volkswirtschaftspolitik, III. Bd., S. 234, aus. —

Was wir oben für die englischen Warenhäuser hervorgehoben haben, gilt auch für die Grands-Magasins in Frankreich: sie haben zahlreiche, neue Industrien geschaffen, deren Erzeugnisse ehedem vom Auslande bezogen wurden und nun nicht nur den dortigen Bedarf decken, sondern auch als Modeartikel schwungreich exportiert werden. Damit hängt ein Punkt zusammen, der für gewöhnlich gänzlich ausser acht gelassen wird: Die Bedeutung der Warenhäuser für unsere Konkurrenz mit dem Auslande. Die Detailvertriebsform ist heute keine rein nationale Angelegenheit mehr, gewinnt vielmehr steigende Bedeutung für den internationalen Güteraustausch. Bon Marché z. B. exportiert für ca. 42 Mill. Frs. jährlich; über 1/4 seines Gesamtumsatzes (von 156 Mill. Frs.) also geht ins Ausland, und zwar lediglich deshalb, weil seine Vertriebsform technisch sehr hoch steht. Umgekehrt wurde schon im vorigen Jahrzehnt „Bon Marché" von unseren Versandgeschäften Hertzog, Gerson u. s. w. teilweise aus dem Deutschen Reich verdrängt. Es ist dies ein Fingerzeig, der für die weitere interne Entwickelung beachtenswert ist. —

Diesen volkswirtschaftlichen Vorteilen stehen auch Nachteile gegenüber. Im allgemeinen ist, wie jede Übertreibung, so auch die der Konkurrenz dem Prinzip selbst verderblich: schliesslich führt sie, wofür auf anderweitigem Gebiete genug Erfahrungen vorliegen, zum Ring und Monopol. So erlangen auch die Riesengeschäfte auf dem Gebiete des Kleinvertriebs ein gewisses Monopol. Das mit der übertriebenen Konkurrenz verbundene Unterbieten ist meist ganz unnötig, da die Verbilligung sich auf so viele kleine Artikel zersplittert, dass sie der Konsument kaum empfindet. Manchen Warenhäusern wird ferner eine weitgehende Ausbeutung des Personals, insbesondere vorgeworfen, dass es Überzeitarbeit häufig ohne besondere Entschädigung zu leisten habe.* Sodann bringt die grosskapitalistische Konkurrenz über den in den Grossstädten und deren Verkehrsgebiet ansässigen selbständigen kleineren und mittleren Detaillistenstand eine schwere Schädigung. Seine Lage hat durch die neu auftauchende und rasch wachsende Konkurrenz der Grossmagazine eine erhebliche Verschlimmerung erfahren. Zahlreiche kleine und mittlere Geschäfte, die vorher ihren Inhabern und deren Familien ein erträgliches Dasein ermöglichten, erleiden beträchtliche Einbussen an Umsatz und Gewinn, ja sehen sich da und dort dem Untergang preisgegeben.

2) Socialpolitische Seite der Warenhäuser und Massenzweiggeschäfte.

Die andere Seite der Massenbazare ist die socialpolitische, d. h. die Bedrohung und Untergrabung mancher selbständiger Existenzen und die rasche Entwertung mancher Ladengeschäfte, die sich bisher einer gesicherten Rentabilität erfreuten. Der Detaillistenstand tritt nahezu einmütig und solidarisch für eine gesetzliche Einschränkung des Bazarwesens ein. „Kein Detailkaufmann,“ heisst es in No. 37 des „Manufakturist“ vom Jahr 1898, „darf dem Anwachsen dieser Riesengeschäfte mit Ruhe zusehen; denn über kurz oder lang wird er am eigenen Leibe diese Konkurrenz verspüren.“

Welche Branchen sich bedroht fühlen, ergiebt sich aus einer Übersicht über die Artikel, welche die Warenhäuser hauptsächlich führen. Es sind das z. B.:

1) Näh-Requisiten, Ausputzartikel, Schneiderzubehör, Futterstoffe, Leinen- und Baumwollstoffe, Seidenband, Spitzen, Strickgarn, fertige Kinderkleider, Schürzen (gewebte), Unterröcke, Handschuhe, Strumpfwaren, Kleiderstoffe in Wolle, Seide, Sammt und Kattun, Ballstoffe, Konfektion, Hüte, Wagendecken, Vorhänge, Portièren, Teppiche und Tischteppiche, Linoleum; 2) Schuhwaren in Leder, Filz und Gummi; 3) Bürsten und Besen, Kammwaren, Puppen und Spielzeug, Korb- und Schnitzwaren, 4) Konserven; 5) Küchengeräte in Blech, Eisen und Holz, Porzellan- und Glaswaren, Steingutwaren; 6) Emaillewaren, Messer und Scheren,

---

* In diesem Punkte dürfte die Novelle zur Gewerbeordnung vom März 1899, Art. 7, in etwas Wandel schaffen. Nach diesem Artikel ist den Gehilfen, Lehrlingen und Arbeitern nach Beendigung der täglichen Arbeitszeit eine ununterbrochene Ruhezeit von 10 Stunden und für Personen unter 16 Jahren sowie für weibliche Personen von 11 Stunden sowie eine angemessene Mittagspause zu gewähren. Ausserdem kann unter gewissen Voraussetzungen durch die höhere Verwaltungsbehörde angeordnet werden, dass während einer näher zu bestimmenden Zeit zwischen 8 Uhr abends und 6 Uhr morgens die offenen Läden für den geschäftlichen Verkehr geschlossen sein müssen.

Nadeln, optische Waren, Stahlfedern, Uhren, Werkzeuge, Zauberapparate; 7) Glasperlen, Jetwaren, Korallenimitation, Perlmutterwaren, Schildpattwaren, Schmucksachen, Bronzegalanteriewaren; 8) Fahrräder und Zubehör; Kinderwagen; 9) Bambusmöbel; 10) Buchbinder- und Portefeuillewaren, Papeterie; 11) Parkettwichse, Stahlspäne; 12) Glacé- und Wildleder-Handschuhe.

Welchen Umfang die sociale Schädigung thatsächlich erreicht hat, darüber giebt es zuverlässige Anhaltspunkte noch nicht. Nach der Gewerbestatistik erscheint die vielerörterte „Verdrängung" des Detailhandels nicht als eine so erhebliche, wie dies durchgängig angenommen wird. Nach der Gewerbezählung* von 1895 hat seit 1882 die Zahl der kleinen Detail-Läden, die ohne Gehilfen oder mit nur wenigen Gehilfen arbeiten, nicht ab-, sondern im Gegenteil zugenommen. Es waren nämlich**

	Firmen ohne Gehilfen oder Mitinhaber (Alleinbetriebe)	Firmen mit höchstens 5 Gehilfen***	
		Zahl der Betriebe	Zahl der darin besch. Personen
1882	243 000	133 600	342 100
1895	271 600	231 300	537 700

Im übrigen kennt man ja genug Beispiele für die schädlichen Folgen, welche aus der Zunahme des Grossbetriebs entspringen. In Görlitz z. B. bestanden zu einer Zeit, als die Stadt die Hälfte der heutigen Einwohnerzahl hatte, 40 gutgehende Kolonialwarengeschäfte; heute giebt es deren dort nur noch 6. Dieser Rückgang ist allein durch die Gründung und die rapide Entwickelung des in eine Aktiengesellschaft umgewandelten Konsumvereins und durch eine Genossenschaft bewirkt worden. Jener unterhält 17 Verkaufsstellen und erzielt einen Umsatz von 7 Mill. Mk.; diese hat 14 Verkaufsstellen und $3^1/_2$ Mill. Mark Umsatz. Ähnliches wird aus anderen grösseren Städten berichtet. „Kaum jemals," führten wir im vorjährigen Jahresbericht aus, „gab es eine Zeit, in welcher die Bereitwilligkeit vieler Detailleure, Geschäft und Anwesen zu verkaufen, so gross, und die Zahl der Liebhaber für solche Acquisitionen so gering war. Die Möglichkeit der selbständigen Etablierung wird für junge Kaufleute, sofern sie nicht für den Konkurrenzkampf mit reich-

* Es sind hier nur die Hauptbetriebe berücksichtigt.

** Über den Kleinhandel giebt die Reichsstatistik separate Nachweise nicht, obige Daten umfassen den Warenhandel überhaupt, beziehen sich also nur zum überwiegenden Teil auf den Kleinhandel.

*** Die Ziffern für 1895 umfassen nur die Betriebe mit bis 5 beschäftigten Personen, sind also vergleichsweise zu niedrig.

lichem Kapital ausgestattet sind, durch diese Verhältnisse erschwert. Immer mehr junge Kaufleute sehen sich genötigt, zeitlebens Angestellte zu bleiben.* Umsätze und Verdienste, von denen eine grosse Anzahl Familien in geordneten Mittelstandsverhältnissen leben könnten, fallen wenigen in die Tasche."

Diese Entwickelung hat nicht nur wirtschaftliche und sociale, sondern auch politische Bedenken gegen sich. Die selbständigen Existenzen in den mittleren und unteren Schichten der Bevölkerung setzen dem Eindringen der Socialdemokratie immerhin einigen Widerstand entgegen; es steht jedoch zu befürchten, dass dieser Widerstand bei vielen mit der Vernichtung ihrer Selbständigkeit nachlässt oder aufhört. „Es bereitet sich," sagt Voges, „die Verschiebung jenes socialen Schwerpunktes vor, der in den breiten Schichten des selbständig werkthätigen Kleingewerbe- und Kaufmannsstandes ruht. Es lässt sich nicht von der Hand weisen, dass in demselben Masse, in dem die Zahl der selbständigen Staatsbürger verringert wird, das Interesse an der Erhaltung der bestehenden Gesellschaftsordnung überhaupt, zurückgeht, insofern jeder, der seine Selbständigkeit aufgiebt oder aufgeben muss, um eine oder mehrere Standesstufen zurück-, dem Proletariat aber näher tritt."

Die bedenklichen Folgen („Proletarisierung" der mittleren Geschäftsleute, der Geschäftsgehilfen und der Industrie, Lockartikel und Ramschbazare, unlauterer Wettbewerb, Täuschung des Publikums über den Warenwert, Vermehrung der abhängigen Existenzen) finden sich sehr eingehend in den Broschüren von P. Dehn (S. 2—65), des Berliner „Bundes der Handel- und Gewerbetreibenden" (S. 16—35), und von A. Grävell (S. 18—22) ausgeführt.

3) Der polizeiliche oder steuerliche Schutz des Mittelstandes.

Dem geschilderten Entwickelungsprozess nun soll die Regierung in den Weg treten, und es ist die Frage: in welcher Richtung sind gesetzliche Einschränkungen möglich? Die Rufer im Streit

* Für denjenigen also, der durch eine kaufmännische Lehre und durch längeres Arbeiten als Handlungsgehilfe die erforderliche Warenkunde und Kalkulation erlernt hat, wird es immer riskanter, ein selbständiges Geschäft zu eröffnen. An Stelle dieses fachgemäss vorgebildeten Stammes haben sich in wenigen Jahren alle möglichen Leute in den Kaufmannsstand hereingedrängt, denen es ebenso an Kenntnis und Erfahrung, als am erforderlichen Kapital mangelt.

machen sich die Erforschung des Übels wie die Erforschung des Heilmittels gleich leicht. Ihnen gilt das blosse Rufen nach Staatshilfe und die rasche Ausdehnung der Agitation (auch z. B. der agrarischen) schon als ein zwingender Beweis — einmal für die Notwendigkeit, und sodann für die Zweckmässigkeit der Staatshilfe. „Der Staat," deduzierte L. Blanc, „ist der Bankier der unteren Klassen, also muss er Produktivgenossenschaften errichten." So leitet auch z. B. Grävel seine Ausführungen über die Staatshilfe mit den Worten ein: die so weit um sich greifende Bewegung könne nicht künstlich oder agitatorisch hervorgerufen sein. „Es muss in der ganzen Warenhausfrage etwas stecken, was dem Empfinden unserer Volksseele zuwiderläuft, was die Massen, noch ehe sie über den eigentlichen Inhalt und Charakter der Frage aufgeklärt wurden oder sonst sich klar geworden sind, instinktiv gegen sie einnimmt. Mit einem Worte: Die Warenhäuser müssen unserem Volke als etwas Fremdes, Feindliches erscheinen, das bekämpft, das ausgerottet zu werden verdient." Das ist eine unzulässige Schlussfolgerung. Der Kleinhandel ruft nicht etwa erst seit dem Aufkommen der Warenhäuser, sondern seit Anfang der fünfziger Jahre* nach der Polizei. Damals galt die Einschränkung der kleinen Konkurrenz, d. h. der Hausierer, als Universalmittel, heute geht es gegen die grosse Konkurrenz. Es ist leicht, der Menge plausibel zu machen, dass sie selbst nichts zu leisten hat, und ihre Lage schon dadurch gebessert werden soll, dass die Existenz und das Vorankommen anderer erschwert wird.

Seit zwei Jahrzehnten trägt die Gesetzgebung den Klagen durch Einschränkung der Warenlager, des Hausierens, Detailreisens und unlauteren Wettbewerbs gebührende Rücksicht. Geholfen aber haben alle diese Massregeln nur wenig, obgleich sie jedesmal als das Universalmittel angesehen wurden. Die Bedrängnis des Kleinhandels dauerte ungemindert fort, sie war schon lange vor den Warenhäusern da, und würde auch nach ihrer Unterdrückung, da die anderen Ursachen fortwirken, weiter bestehen. Und diese

* Die heutige Stärke der Agitation gegen die Warenhäuser ist kein Beweis für ihre Berechtigung, da schon früher, ehe man dieser neuen Konkurrenz eine grössere Beachtung schenkte, die Agitation in den verschiedenen „Schutzvereinen" organisiert war. Mit ihnen verband sich die Parteipolitik, die — ebenfalls schon vor Jahren — den staatlichen Schutz des städtischen Mittelstandes neben den grossen „grossen Mitteln für die Landwirtschaft" als Wahlparole ausgegeben hatte.

jahrzehntelange Erfahrung zeigt deutlich: 1) ein Universalmittel giebt es für den Kleinhandel sowenig, als etwa für das Handwerk oder für die Landwirtschaft; trotzdem kann der einzelne, falls er die genügende Einsicht und Thatkraft besitzt, in die Höhe kommen;

2) es verstösst direkt gegen das Interesse der Nächstbeteiligten, wenn sie sich darauf verlassen, dass sie nun ein anderes Universalmittel und zwar in Gestalt der Warenhäuser gefunden haben.

Das Verlangen: „dem Mittelstand muss geholfen werden“ klingt ja ganz ausgezeichnet. Aber es ist ein alter Erfahrungssatz, derartige allgemeine Forderungen lassen sich schwer in die Praxis übersetzen, sei es auch nur deshalb, weil der Bedrängte keineswegs geneigt ist, etwa selbst Opfer zu bringen, sondern nur andere eingeengt und unterdrückt sehen möchte. Für uns wäre es viel leichter und viel bequemer, in die ausgegebenen Schlagworte mit einzustimmen. Aber wir glauben, dass eine gewissenhafte, rein objektive und allseitige Abwägung des „Für“ und „Wider“ zunächst auf die gesetzgebenden Faktoren mehr Eindruck machen, aber auch direkt den um ihre Existenz ringenden Kaufleuten mehr nützen wird.

Es giebt wohl niemand, der die bedrängte Lage gewisser Zweige des Detailvertriebs nicht bedauert und der nicht den Bedrängten eine Stütze von privater oder staatlicher Seite wünschen möchte. Aber mit sentimentalem, unklarem Beileid wird ihm nicht geholfen. Einen Schritt weiter kommt man zunächst, wenn man die Antwort auf die drei Fragen zu finden sucht:

1) Welche Art von Einschränkung lässt sich bei dem dermaligen Stande der Gesetzgebung erreichen?

2) Welchen Nutzen für den Kleinhandel wird die Regierung damit erzielen?

3) Zu welchen Konsequenzen wird die gewünschte Einschränkung schliesslich führen?

a) Unterdrückung der Warenhäuser.

Zu der ersten Frage (Art der Einschränkung?) geben die seit Jahren schwebenden Verhandlungen gewisse Winke, zunächst in negativer Richtung. Auch in denjenigen Bundesstaaten nämlich und bei denjenigen Ministerien, die den Wünschen des Kleinhandels möglichst entgegenzukommen suchten, stand nach kurzer Erwägung fest: die extremen Vorschläge, die kurzerhand die Warenhäuser und Bazare, sei es auf polizeilichem Wege oder durch eine Erdrosselungssteuer, unterdrückt wissen wollen, sind schon wegen ihres Widerspruchs mit der bestehenden Rechts-, speciell Gewerbeordnung abzuweisen. Die Agitatoren nehmen zwar die Durchbrechung der Gewerbe- und Konkurrenzfreiheit als eine leichte Sache. Dass aber solche zu recht sonderbaren gesetzgeberischen Konsequenzen treiben würde, ist naheliegend. Für einen grossen Teil des Kleinhandels bildet gerade die Gewerbefreiheit die Grundlage seiner Existenz; mit der Gewerbefreiheit würde er den Ast absägen, auf dem er sitzt. Und die juristische Konsequenz der „Erdrosselung" des grosskapitalistischen Konkurrenten führt direkt in das socialistische Fahrwasser. Denn mit dem gleichen Recht, mit dem die Regierung dem Kleinhandel seinen bisherigen Bestand garantieren würde, könnte auch jeder andere Kleinbetrieb, vor allem der Kleingewerbetreibende* und der Kleinbauer, aber ebenso auch der Arbeiter** eine staatliche Sicherstellung seines bisherigen Einkommens verlangen.

Sodann ist die bestehende Rechts- und Gewerbeordnung lediglich der Ausdruck der ganzen wirtschaftlichen Entwickelung der neueren Zeit.

Der moderne Verkehr hat sowohl in der Vertriebsweise als auch in Bezug auf die Kundschaft Wandlungen hervorgebracht,

* Diese Folgerung ziehen z. B. die Kleinmüller; erst wieder im Januar 1899 ersuchten sie in einer Eingabe an den Reichskanzler und an den deutschen Reichstag um Einführung einer staffelförmigen Umsatzsteuer für die Grossmühlen. Auch die Seifenfabrikanten haben sich schon gemeldet; ihr Verbandstag vom 20. Januar 1899 (in Karlsruhe) verlangt von der Regierung Schutz gegen die grosskapitalistische Konkurrenz. Ebenso redet das Organ des „Bundes der Landwirte" vom Januar 1899 von einer „Mitschuld unserer Gesetzgebung", daran, dass die kleinen Gerbereien durch die grossen Lederfabriken zu Grunde gerichtet werden, weil man das Quebrachoholz zollfrei ins Land lasse.

** In den „Daily News" vom 11. Dezember 1898 führt Ludlow aus: „Die Einführung einer neuen Maschine kann die absolute Konfiscierung der Arbeitskraft eines Arbeiters, die sein Eigentum ist, bedeuten, und in dem Grade, wie sie auf solche Konfiskation hinausläuft, ist der Arbeiter, behaupte ich, genau ebenso zur Entschädigung berechtigt, wie es der Unternehmer sein würde, wenn eine Eisenbahngesellschaft sein Land belegen oder seine Fabrik niederreissen würde, wie wohlthätig die Eisenbahnlinie auch für das Publikum sein mag. Auch ist nicht er allein es, der geschädigt wird; alle seine Kollegen, welche die Einführung gleichartiger Maschinen an anderen Orten aus ihrer Arbeit zu treiben vermag, sind im voraus bedroht. Ich betrachte daher den vom Maschinenbauverein auf der Konferenz vom April dieses Jahres gemachten Vorschlag, dass jede neue Maschine, die zufolge ihrer Konstruktion geeignet ist, durch Beeinträchtigung oder Beiseiteschiebung bestehender Gebräuche Streitigkeiten zu verursachen, der Entscheidung eines aus Unternehmern und Gewerkvereinen zusammengesetzten Comités unterstellt werden solle, für durchaus und in hohem Grade verständig, gemässigt und gerecht."

denen sich der Gesetzgeber unmöglich mit Erfolg entgegenzustemmen vermag. Die grösseren Städte haben in den Familien der Fabrikarbeiter und subalternen Beamten eine neue Konsumentenklasse erhalten, der die hergebrachte Form des Detaileinkaufs nicht mehr zusagt. Diese Konsumentenschichte gleichsam in seinem Kundenbann zu erhalten, darauf hat der hergebrachte Kleinvertrieb selbstverständlich keinen Rechtsanspruch.

Die Mehrzahl der Detaillisten setzt voraus, dass sie gleichsam ein naturgemässes und ererbtes Recht darauf hätten, wie bisher, so für alle Zeit ihr Geschäft auf kleinem Fusse zu betreiben. Dieser Standpunkt ist schon aus inneren, in der heutigen Lage des Vertriebs liegenden Gründen nicht mehr haltbar. Das Hauptübel, woran der Kleinhandel leidet, ist Mangel an Betriebskapital und Kredit, an ausreichender Assortierung, an genügendem Umschlag, der letztere wirft, zumal bei der gesteigerten Konkurrenz, durchschnittlich nicht einen Gewinn ab, der die nötigen Existenzmittel für eine Familie liefert. Steigerung des Umschlags also, sowie des Kapitals und des Kredits bildet für jedes Geschäft eine Existenzfrage; zugleich ist es nur auf diesem Wege im stande, seine Kundschaft zu einer regulären Zahlungsweise anzuhalten.

Anderseits zwingt zur möglichsten Kapitalerhöhung die Konkurrenz und die ganze neuere Entwickelung des wirtschaftlichen Lebens. Schon in der Einleitung haben wir gesehen, dass sich einerseits manche „reguläre“ Geschäfte seit den fünfziger Jahren zu einer grosskapitalistischen Konkurrenz herausgebildet haben, anderseits eine solche Konkurrenz nicht allein in den Warenhäusern, sondern auch in den Versandgeschäften, Wanderlagern, Wirtschaftsvereinen der Beamten vorhanden ist. An diesem schon allgemein vorhandenen Wettbewerb, dem das Grosskapital zur Seite steht und auf Grund dessen es seine Kalkulation auf dem Massenumsatz aufbauen kann, bildet das Warenhaus nur ein Unterglied. Ferner ist diese grosskapitalistische Konkurrenz nicht etwa eine Besonderheit des Kleinvertriebs.

In der Landwirtschaft z. B. ist der Besitzer mit ungenügendem Kapital heute nicht besser daran als der Detaillist in gleicher Vermögenslage; der Unterschied ist nur der, dass die Ladengeschäfte ihren Standort mehr in der Nähe des Verkehrs haben, und deshalb, um den Wettbewerb nicht nur im Preis, sondern auch in der Assortierung, Auswahl und Kreditierung aufnehmen zu können, ein immer grösseres Kapital benötigen.

Die Anforderungen an die Leistungen des einzelnen wachsen fortgesetzt, und das kommende Geschlecht wird sich noch mehr anstrengen müssen als wir. Das ist in allen Ständen mehr oder weniger der Fall; warum soll der Detailleur eine Ausnahme machen? Heute müssen eben auch „Aufmachung", Einkauf, Verkauf, Dekoration und Reklame studiert werden, wie man früher nur höchstens der Warenkunde und Kalkulation Interesse entgegenbrachte.

Dieses Eindringen des Grosskapitals und seiner Kalkulationsweise in das Detailgeschäft hängt, wie sich genau verfolgen lässt und wie wir zum Teil schon gezeigt haben, einerseits mit den erhöhten Ansprüchen der Kundschaft, anderseits mit der Ausbreitung des Grossverkehrs, d. h. der modernen Verkehrsmittel und Grossstädte, sowie mit der fortschreitenden Anhäufung und Konzentration des Kapitals zusammen.

Dieser allgemeine Prozess spiegelt sich speciell im Detailgeschäft darin, dass es sich in den Grossstädten in drei Gruppen zu teilen beginnt und es den Anschein gewinnt, als ob nur noch rentieren: 1) einige Riesengeschäfte, bei denen alles billig zu kaufen ist; 2) Filialbetriebe mit bestimmten preiswürdigen Specialitäten; 3) feine Geschäfte in mittlerem Umfang mit exklusiv feinen Artikeln, wo der auserlesene Geschmack von der besseren Kundschaft noch anerkannt und bezahlt wird. Mittlere Geschäfte mit guten Mittelgenres, die bisher den Inhabern mit den Jahren zu einer gewissen Wohlhabenheit verholfen haben, rentieren, wenigstens in den Grossstädten, immer weniger.

Es wird niemand geben, der die einzelnen Betroffenen nicht bedauert. Aber diese Konzentration des Kapitals selbst hinwiederum ist nur ein Glied der allgemeinen Centralisierung alles wirtschaftlichen, kulturellen und politischen Lebens, herbeigeführt durch die Ausbreitung der Verkehrsmittel, sowie der mechanischen und motorischen Kräfte, die „ihrem Wesen nach zuerst im grossen und in Massen organisiert und sodann centralisiert und monopolisiert". Diesem allgemeinen Prozess entsprechend, griff das grosskapitalistische System auf allen Erwerbsgebieten um sich und findet sich ebenso in der Landwirtschaft, wie im Gewerbe und Handel, vor allem im Bankgeschäft. Geht man also der Sache tiefer auf den Grund, so lautet die Frage nicht dahin: „kann die Regierung die Konkurrenz der Warenhäuser eindämmen?", sondern dahin: „kann sich die Regierung dem eben geschilderten allgemeinen Entwickelungsprozess mit Erfolg auf die Dauer entgegenstemmen?" Und darauf kann die Antwort nur die sein: die Regierung ist nicht im stande, diese Entwickelung durch steuerliche Massnahmen aufzuhalten. Es kann sich nur um den Versuch handeln, die Übergangsleiden zu mildern.

b) Milderung der Übelstände.

Das gleiche ergiebt sich, wenn man die angefeindete Vertriebsmethode einer Prüfung unterzieht.

Gegen die intensivere Vertriebsmethode und gegen den intensiveren Kapitalumtrieb nach dem Gesetz des Massenumsatzes kann die Regierung einen wirksamen Schutz nicht errichten; denn er bildet die Signatur unserer Zeit. Bei der Produktion erliegt der Konkurrenz, wer es nicht versteht, im Wege der Specialisierung oder der Massenerzeugung billiger zu produzieren; im Warenvertrieb widerfährt heute auf immer mehr Gebieten das gleiche Schicksal dem, der nicht auf demselben Wege (oder durch zunehmende Warenkumulierung) die Vertriebsspesen und damit die Verkaufspreise herabzudrücken versucht. Kann man gegen denjenigen, der die Schwächen seiner Kundschaft auszunützen versteht und dem Zuge der Zeit Rechnung trägt, bei Beginn des 20. Jahrhunderts eine Erdrosselungssteuer einführen? Nicht der intensivere Vertrieb ist verwerflich, sondern nur die Anwendung unlauterer Praktiken, die bei manchen Warenhäusern noch vorkommen mögen. Nur wo letztere oder die schwindelhafte Reklame- und Preisunterbietung stattfindet, wäre — im Sinne der Agitation — die Unterdrückung zu rechtfertigen.

Aber auch diese Einschränkung genügt noch nicht. Man kann das voll einräumen: jegliche Unsolidität und jegliche Unlauterkeit des Wettbewerbs soll eingedämmt werden. Nur ist erst noch derjenige zu finden, der die „unberechtigte“ Spekulation herausgreifen und dem Gesetzgeber feste, unverrückbare Grenzen für die Strafbarkeit des Wettbewerbs oder für die weitere schwierige Frage angeben kann: wo fängt der „Schwindel“ an? wie soll man den Schwindel von dem legitimen, soliden Geschäft unterscheiden? Der Begriff des „illoyalen“ Geschäftsbetriebs ist gerade in Bezug auf die Reklame ein schwankender und hat in den letzten Jahrzehnten eine wesentliche Umwandlung erfahren. Beispielsweise galt vor einigen Jahrzehnten für eine grosse Firma die Aussendung von Reisenden, das Inserieren in Zeitungen etc. fast als unwürdig. So kann auch heute noch nicht jede Handlung, die als illoyal angesehen wird, sofort auch für alle Zeiten als illegitim verpönt werden, ohne dass nicht auch manche gerade derjenigen Betriebe, die geschützt werden sollen, geschädigt würden. Eine radikale Unterdrückung der angefeindeten Betriebsmethode ist daher ausgeschlossen. Verfolgbar ist sie nur insoweit, als sie sich als ein unlauteres Geschäftsgebaren kennzeichnet, d. h. nach den durch das Reichsgesetz vom 27. Mai 1896 über den unlauteren Wettbewerb gegebenen Gesichtspunkten.

In welcher Richtung nun eine Ergänzung und Verschärfung des Reichsgesetzes verlangt wird oder möglich ist, zeigt die französische Rechtsprechung. Nach ihr fallen z. B. die schwindelhaften Ausverkäufe unter das Wettbewerbgesetz und muss die in dem Schaufenster mit Preisangabe ausgelegte Ware auch zu dem notierten Preise abgegeben werden. In analoger Weise könnte z. B. verboten und unter Strafe gestellt werden, wenn ein Warenhaus die Preise, welche es in ihren Schaufenstern und Zeitungsreklamen ankündigt, nur für einen, vielleicht recht kleinen Teil des betreffenden Artikels als bindend anerkennen will, wenn es also die Ankündigung nur als Lockmittel benützt, um Kauflustige in den Laden zu ziehen und ihnen dann die Ware zu einem höheren Preise aufzureden. Oder man könnte versuchen, gegen die Übertreibung des Lockwarensystems vorzugehen, durch welches die Warenhäuser den soliden Geschäften vielleicht am meisten Schaden zufügen.*

Aber auch bei einer derartigen Weiterbildung des schon gesetzlich anerkannten Grundsatzes lässt es sich kaum vermeiden, dass nicht zugleich mit dem unlauteren Wettbewerb auch das reelle und legitime Geschäftsgebaren mehr oder weniger empfindlich getroffen wird.

Vor allem aber wird mit dieser gewerbepolizeilichen Einschränkung dem Kleinhandel wenig geholfen und der Agitation wenig geboten. Der primitive Anfang mancher Bazargeschäfte mag ein schwindelhafter gewesen und manche Warenhäuser mögen wohl bei ihrem ersten Aufkommen unreell verfahren sein. Heute aber dürfte das, schon wegen ihrer exponierten Stellung, zu den Seltenheiten gehören. Die heutigen Warenhäuser werden mit Argusaugen bewacht. Sie werden von Kunstkäufern besucht, lediglich zum Zweck, um etwaige Unreellitäten zu entdecken; es wurden auch schon lediglich zum Zwecke der Kontrollierung von Unreellitäten Angestellte in die Betriebe lanciert. Dem Warenhaus, das sich bei einer Unreellität ertappen lässt, wird das jahrelang in der Öffent-

* Die wirksamste Hilfe für den Kleinvertrieb würde wohl ein allgemeines Verbot gegen das Aushängen der Preise in den Schaufenstern erbringen. Aber es mangelt an dem inneren Rechtsgrund für ein derartiges Verbot.

lichkeit als Beweis seines illoyalen Geschäftsbetriebs vorgehalten. Auch hier gilt das englische Sprichwort:

„You can fool some people all the time,
You can fool all people some time,
But you cannot fool all the people all the time.“ —

Wir glauben kaum, dass sich heutzutage ein Warenhaus mit seinem grossen Personal, wenn es nicht seine Existenz gefährden will, längere Zeit hindurch Unreellitäten beigehen lassen kann. Würden die Warenhäuser nur Schundartikel führen, so wären sie nicht gefährlich. Ihre Gefahr besteht vielmehr darin, dass sie die Kundschaft an sich gewöhnen und sich ihr unentbehrlich machen. Heute ist der tiefere Grund der Klagen nicht mehr in der Unsolidität des Wettbewerbs, sondern in erster Linie in seiner grosskapitalistischen Überlegenheit zu suchen. —

Manche Auswüchse übrigens werden auch schon durch die freie Konkurrenz eingedämmt werden. Wenn nämlich die Grossbazare in der bisherigen Weise überhand nehmen, so wird unter ihnen bald der gleiche Konkurrenzkampf ausbrechen, wie er zwischen den kleinen Detailgeschäften besteht. Der Unterschied wird nur der sein, dass von dieser Gross-Konkurrenz das Publikum auch seinen Vorteil finden wird.

c) Konkurrenzsteuer.

Einfacher scheint die Frage der Höherbesteuerung zu liegen (obgleich Handel und Gewerbe vor dem Finanzminister, wenn er ihnen helfen will, auf der Hut sein müssen; denn seinem Beruf gemäss ist ihm die Mehreinnahme wichtiger, als das „Retten“). Dass die kapitalstarken Bazare überhaupt verhältnismässig mehr herangezogen werden sollen, als die kleineren Geschäfte, erscheint nach dem allgemeinen Steuerprinzip der Bemessung der Steuerpflicht nach der Leistungsfähigkeit durchaus angemessen. Es fragt sich nur, in welcher Form soll die Steuer aufgestellt werden?

Die von den Interessenten vorgeschlagene Steuer ist als progressive Sonderbelastung der Warenhäuser nach der Grösse ihres Umsatzes gedacht. Eine solche Steuer wurde zuerst gegen die Massenzweiggeschäfte und Konsumvereine verlangt, damit nicht, wie die Begründung in der sächsischen Abgeordnetenkammer, Verhandlung vom 30. Jan. 1896, lautete, „fernerhin der Detailhandel durch das Grosskapital ausgebeutet werde“. Viele wünschen ausserdem eine ähnliche gleichzeitige Belastung nach der Anzahl der von dem Warenhaus geführten Branchen (Branchen-Umsatzsteuer). Ferner wird eine Besteuerung nach der Grösse der Geschäftsräume, der Zahl der Angestellten u. s. f. befürwortet. Die Steuer soll „ausgleichend“ wirken, so dass den kleineren Geschäften der Wettbewerb wieder möglich ist und soll zugleich eine zu schnelle und masslose Vergrösserung der Warenhäuser thunlichst verhindern.

Wir fassen hier der Kürze halber nur den Hauptvorschlag, auf den sich die Forderungen konzentrieren, die progressive Umsatzsteuer ins Auge.

Man kann von den allgemeinen Grundsätzen der Finanzwissenschaft und der Steuerpolitik ganz absehen, und sich lediglich auf die Frage beschränken: Kann die Steuergesetzgebung, nach ihrem heutigen Stande, noch weitere Zugeständnisse an die sogen. „Mittelstandspolitik“ mit ihrer lokalprotektionistischen Tendenz machen, wonach die hergebrachte Form des Detailhandels gegen die neuen Eindringlinge geschützt werden soll?

Von diesem rein realpolitischen Standpunkt aus und mit Rücksicht auf die in den einzelnen Abgeordnetenhäusern vorherrschende Stimmung kann als eine Unterstützung der auf eine solche Steuer abzielenden Bestrebungen die Thatsache angesehen werden, dass zur Zeit schon in zwei Staaten (in Frankreich und Sachsen), die gewünschte Steuer eingeführt ist, oder dass in den Steuerermässigungen für die kleineren Brauereien, Zuckerfabriken und Branntweinbrennereien ein ähnlicher Schutz gegen die Konkurrenz der Grossbetriebe gegeben ist. Man kann auch auf die Wanderlagersteuer verweisen, die in lokalprotektionistischer Tendenz die Wanderlager zu gunsten des ortsansässigen Detailhandels mit besonders hohen Sätzen belastet. Schliesslich lässt sich die „Mittelstandspolitik“, wenn man auf den gemeinsamen Grundgedanken des Schutzes gegen die Konkurrenz sieht, sogar nur als eine Konsequenz der Schutzzollpolitik darstellen: mit dem gleichen Rechte, mit dem der Fabrikant Schutz in seinem Besitzstand gegen den (ausländischen) Konkurrenten erlangt hat, mit dem gleichen Rechte — kann man sagen — verlangt der ortsansässige Kaufmann von seiner Gemeinde, für die er nicht nur die Steuern, sondern auch verschiedene andere Lasten zu tragen hat, Schutz gegen den Konkurrenten (der in der Regel ein auswärtiger Eindringling ist).

Allerdings sind all diese Analogien nur hinkende Vergleiche, die einen direkten, zwingenden Beweis nicht erbringen und gegen deren Heranziehung mancherlei Einwendungen sich erheben lassen. In Frankreich z. B. ist das ganze Steuersystem veraltet, und einer Ergänzung durch eine Progression — des droit fixe durch ein droit variable — bedürftig; der Vergleich selbst hinkt in fataler Weise, insofern in Frankreich die Steuer für die Grossbazare, trotz fortgesetzter Erhöhung, alles in allem nur 0,55 % des Umsatzes beträgt, während sie heute schon in Preussen, Sachsen, Baden, Württemberg und in den meisten andern Bundesstaaten — indem sie allerdings in Gestalt einer Ertrags- oder Einkommenssteuer angesetzt wird — das drei- bis vierfache erreicht, und im Sinn der Agitation nur verdoppelt werden soll.* In Deutschland dagegen giebt es nur einen kleinen Bruchteil von Staaten, in denen nicht das Steuersystem den neueren Prinzipien der Personaleinkommens- oder Vermögenssteuer angepasst worden wäre (ganz abgesehen davon, dass die Thatsache der dem veralteten französischen Steuersystem einverleibten Umsatzsteuer nicht für die weitere Forderung verwertet werden kann, dass der Umsatz viel höher belastet werde, als dies in Frankreich der Fall ist).

Was ferner den Schutz des Kleinbetriebs gegen die grosskapitalistische Konkurrenz bei den obengenannten indirekten Verbrauchsabgaben der Malz-, Zucker- und Branntweinsteuer anbelangt, so liegt die Sache bei der direkten Gewerbesteuer ganz anders, schon weil sie sofort auch auf den Kleinbetrieb überhaupt, also namentlich auf den Kleinbauern und Kleingewerbetreibenden ausgedehnt werden müsste.**

* Seit langem hat man dort als regelmässige Gewerbesteuer eine Patentgebühr und eine Taxe für jeden Angestellten von 25 Frs.; die Neuerung bestand daselbst nur darin, dass diese Taxe bei Beschäftigung von über 100 Angestellten auf 50 Frs. erhöht wurde. Ausserdem wurde die Patentgebühr für die einzelnen in einem Grossmagazin mit vertretenen Branchen erhöht. Binnen sechs Jahren musste diese Steuer schon sechsmal geändert werden! Näheres s. b. Öser, Die Besteuerung des Kleinhandels, S. 22—24.

** Gegen die Analogie mit der verlangten Umsatzsteuer lässt sich einwenden, dass die Natur der beiden Steuerarten ganz verschiedenartig ist. Die Abstufung bei diesen indirekten Steuern ist lediglich durch technische Rücksichten begründet. Bei der Malzsteuer z. B. will der Fiskus die Steuer von der gewonnenen Biermenge erheben und nimmt als Anhaltspunkt für diese Menge das verarbeitete Malzquantum. Nun ist der Grossbrauer im Stande, aus der gleichen Rohmaterialmenge mehr Bier als der Kleinbrauer zu erzeugen; es wird daher folgerichtig dieser Massstab für die Steuerberechnung abgestuft, das Erzeugnis jedoch, d. h. das Liter Bier zahlt aus einer Grossbrauerei dieselbe Steuer, wie aus einer Kleinbrauerei. Bei der Malzsteuer bildet den Grund der ungleichartigen Behandlung die Ausgleichung in der grösseren oder geringeren Ausbeute, die dem Gross- oder Kleinbetrieb aus dem zu versteuernden Rohmaterial möglich ist. Für die Umsatzsteuer dagegen liegt ein solcher Grund zur Rücksichtnahme nicht vor.

Immerhin stellen die Malzsteuergesetze, z. B. das württembergische vom 28. April 1893, 8. Juli 1895 und März 1899 eine Konkurrenzsteuer mit socialpolitischer Tendenz dar. Danach wurde für die Grossbetriebe mit mehr als 20000 D.-Ctr. Malzverbrauch ein Zuschlag von 10% und für die kleineren und mittleren Betriebe (mit nicht mehr als 1000 D.-Ctr. Malzverbrauch) insofern eine namhafte Ermässigung eingeführt, als für die Verwendung der ersten 500 D.-Ctr. Malz eine 10prozentige Ermässigung des Normalsatzes (von 10 Mk. pro D.-Ctr. Malz) zugestanden wurde.* Eine kleinere Brauerei, die jährlich nur 400 hl

---

Man kann ferner die Malzsteuer nach ihrer Jahrhunderte zurückreichenden Entstehungsgeschichte auch als eine indirekte Besteuerung des Luxusverbrauchs, auffassen. Bei einer Luxussteuer aber kann der Fiskus ohne Rücksicht auf die anderen Steuerpflichtigen wohl auf einen Prozentsatz zu gunsten des Kleinbetriebs verzichten, nicht aber bei einer Gewerbesteuer.

Wollte man dementsprechend die direkte Gewerbesteuer für die Detaillisten ebenfalls noch weiter, als bisher geschehen, ermässigen, so beliefe sich der Betrag, um den es sich hier handeln könnte, doch nur auf einige Mark, die für ihre Konkurrenzfähigkeit von sehr geringem Belang wäre. Zugleich aber hätte diese Steuerdegression ihre festen Grenzen an dem Grundsatz der Gleichmässigkeit der direkten Steuern für alle in ihrer Einkommens- und Vermögenslage gleich situierten Klassen und an dem systematischen Zusammenhang der Gewerbesteuer mit der ganzen Einkommens- und Vermögensbesteuerung. Der Fiskus kann z. B. den Arbeiter und Kleinbauern nicht schwerer belasten als den Detaillisten.

Sodann stellt die neueste Ausgestaltung der Malzsteuer die progressive Besteuerung aller Brauereien nach demselben Merkmale des Malzverbrauches dar. Bei der Umsatzsteuer dagegen verfolgt man eine Höherbelastung der Grossbetriebe nach einem ganz eigenartigen, für die Besteuerung der übrigen Betriebe nicht massgebenden Gesichtspunkt, der zudem nicht geeignet ist, einen Anhaltspunkt für das Mass der Leistungsfähigkeit mit auch nur einiger Sicherheit zu bieten. — Endlich hat die prinzipielle Annahme einer „Konkurrenzsteuer“ zur logischen Folge, dass auch die Geschäfte auf dem platten Lande den gleichen Schutz gegen die Konkurrenz erhalten müssen, wie die grossstädtischen Geschäfte, d. h., dass die Gemeinden berechtigt sind, von den in den Gemeinde-Bezirk herein arbeitenden Versandgeschäften, Offiziers- und Beamtenkonsumvereinen und Detailreisenden eine Sondersteuer zu erheben. Für einen derartigen Kommunal-Steuerzuschlag lassen sich ebenso gute Gründe anführen, als für die Umsatzsteuer auf Warenhäuser; und doch ist die Einführung eines solchen Zuschlags aussichtslos, da man nicht heute wieder die früheren Schlagbäume errichten kann.

* Es bezahlt ein Bierbrauer für einen Doppelcentner Malz an Steuer bei einer Malzverwendung von

	50 D.-Ctr.	40000 D.-Ctr.	Differenz
in Württemberg	9 Mk.	10,69 Mk.	1,69 Mk.
in Bayern	10 „	12,69 „	2,69 „
in Baden	8 „	12,— „	4,— „

Bier braut und nur 100 D.-Ctr. Malz verwendet, hat an direkter Staats-Gewerbesteuer ca. 100 Mk. und seit 1893 an Malzsteuer nur noch 900 Mk. statt 1000 Mk. zu bezahlen. Der Zuschlag für die Grossbrauereien beläuft sich, wenn sie z. B. 10000 D.-Ctr. Malz verbrauen (also ein Anlagekapital von etwa 1½ Mill. Mk. haben), jährlich auf 2500 Mk. (wenn sie 20000 D.-Ctr. verwenden, auf 7500 Mk., wenn 30000 D.-Ctr., auf 17500 Mk.). Nach dem Statistischen Handbuch pro 1897 hatten wir 1896/97 in Württemberg 4 Brauereien, die 5%, und 14, die 10% Zuschlagsteuer entrichteten. Der Gesamtbetrag der Zuschlagsteuer für erstere Brauereien bezifferte sich auf 53522 Mk., derjenige für letztere auf 20070 Mk., für beide zusammen also auf 73592 Mk. Auf der anderen Seite belief sich die gesamte Steuerermässigung für sämtliche (gewerblichen) Brauereien mit unter 1000 D.-Ctr. Malzverbrauch auf 29946 Mk. Die Ausgestaltung der Malzsteuer trägt also dem Fiskus jährlich ca. 45000 Mk. mehr ein, eine ganz artige Provision für die „rettende“ That!

Nun kommt im allgemeinen bei der Einführung einer neuen Steuer das Rechtsprinzip, von dem aus sie verlangt wird, die juristische Formulierung, die Sicherheit der Durchführung und des Zwecks, der vorschwebt, in Betracht.

Für den folgerichtigen Aufbau und für die praktische Durchführung einer jeden Steuer giebt ihr innerer Rechtsgrund die Richtschnur ab. Es fragt sich deshalb zuerst: was soll mit der Umsatzsteuer getroffen werden? was ist ihr Objekt? welchen inneren Rechtsgrund hat sie? Soll sie eine Real- oder eine Personalsteuer sein? etwa den grossen Besitz an werbendem Kapital treffen? oder das Rein-Einkommen aus diesem Kapital?

Die Hauptschwierigkeit bildet, eine Begriffsbestimmung für das Warenhaus und die Grenzlinie gegenüber dem regulären Detailgeschäft zu finden. Wie wir oben bei der Frage der polizeilichen Unterdrückung der Warenhäuser angedeutet haben, giebt es verschiedene Detailgeschäfte, die aus kleinen Anfängen, im Wege eines naturgemässen Emporkommens und auf Grund der altbewährten kaufmännischen Grundsätze herausgewachsen sind, und heute auch einen Umsatz von über 200000 Mk. wie die Warenhäuser erzielen. Sie heute nun deshalb mit einer Sondersteuer zu bestrafen, wäre ungerecht und widersinnig. Das Deutsche Reich kann doch nicht heutzutage eine Strafe auf den kaufmännischen Unternehmungsgeist einführen. Besteuern könnte man daher nur die eigenartige Vertriebsmethode der Warenhäuser, die Zusammenhäufung der heterogensten Waren, die Aufstellung von Lockartikeln, die Ausdehnung der Reklame. Bis heute indes hat sich noch niemand gefunden, der die allgemeinen Merkmale für eine derartige Steuer entdeckt hätte.

Es beruht dies durchaus nicht auf einem etwaigen Ungeschick der „Kronjuristen“, sondern auf der Unklarheit des Zieles: man findet den Begriff deshalb nicht, weil das Ziel unklar und die Umgestaltung des Kleinhandels so im Fluss ist, dass jeder radikale staatliche Eingriff einen Schnitt ins lebendige Fleisch bedeutet. Allgemein spricht man von dem Kampf „des Mittelstands gegen das Warenhaus“, und setzt dabei voraus, dass der Schützling und seine Bedränger je ein einheitliches, gegenseitig abgeschlossenes Ganzes bilden. Diese Annahme entspricht jedoch weder der geschäftlichen Entwickelung, noch dem derzeitigen Stande. Zunächst sind beide Teile, Gegner und Schützling, nicht durch scharfe Grenzen von einander geschieden, sondern sie fliessen, wie es bei allen Gebilden des Erwerbslebens der Fall ist, in einander über.*

Sodann haben die einzelnen Ladengeschäfte selbst als Glieder des Kleinhandels weder eine einheitliche Grundlage, noch einen einheitlichen Betrieb, also auch keine einheitlich geschlossenen Interessen. Die erste Grenze bildet ihr Standort und ihre Specialität; je nachdem eine Firma in der Grossstadt oder auf dem platten Lande oder an einem Industrieort domiziliert ist, je nachdem sie der Kurz- oder Kolonial- oder Manufakturwarenbranche angehört, ist ihr Geschäft und ihre Konkurrenz sehr verschieden. In Manufakturwaren bilden die Versandgeschäfte, in Spezerei und Kolonialwaren die Konsumvereine, in Kurzwaren die Warenhäuser die Hauptgegner. In der Grossstadt und an den Industrieorten hat sich die Bevölkerung und ihre Konsum- und Kaufkraft mächtig gehoben, nicht so dagegen der Absatz, und zwar infolge des Dazwischentritts der Bazare und Konsum-

* Schon deshalb erscheinen die Interessen des Detaillistenstandes nicht einheitlich. Beispielsweise fürchten manche grösseren Firmen, da eine feste Grenze gegen die Warenhäuser erst noch gesucht werden muss, selbst mit betroffen zu werden; das ist z. B. in Dresden der Fall, wo unter die Sondersteuer schon ein Jahresumsatz von 200000 Mk. fällt. Weiter beziehen manche kleinstädtischen Kaufleute im Engrosverkehr von den Warenhäusern, weil sie von den Grossisten nur grössere Partien zu Engrospreisen erhalten. In Rheinland und Westfalen haben die Detailgeschäfte, welche sich durch die Grossbetriebe bedrängt fühlen, einen Verein zur Abwehr gegründet. Dieser beriet mehrfach die einzuleitenden Schritte, sprach sich aber wiederholt gegen jede den Detailhandel treffende Separatsteuer aus, und erklärte eine Umsatzsteuer wäre der Ruin seiner Mitglieder.

vereine. In anderer Lage sehen sich die Detaillisten auf dem platten Lande, wo keine Industrie ist: dort geht die Bevölkerung und ihre Kaufkraft zurück, und wird der Absatz noch dazu durch die Konkurrenz der Hausierer, Detailreisenden und Versandgeschäfte geschmälert. Das ist die bedrängtere Hälfte des Detaillistenstandes, der aber — abgesehen von den in der Nähe einer Grossstadt ansässigen Firmen — eine Warenhaussteuer kaum etwas helfen kann.*

Fassen wir nun weiter die andere Hälfte des Detaillistenstandes ins Auge. Hier kommt vor allem in Frage: Geht der auf ihr lastende Druck lediglich von den Warenhäusern oder von dem Grosskapital aus? Hat der Kleinhandel einen natürlichen Anspruch darauf, dass er immer mit mässigem Kapital betrieben werden darf? Soll man überhaupt das Grosskapital im Detailhandel* einer Sondersteuer unterwerfen? oder nur die „Schleudergeschäfte" und die mit Lockvögeln arbeitenden Bazare?

Im Frühjahr 1899 führte auf einer Kölner Versammlung Oberlandesgerichtsrat Roeren aus: „Die Frage ist zu regeln nach der

* Der grossen Masse allerdings ist der socialistische Nebengedanke der Eindämmung der „grossen Hansen" sehr sympathisch. Beispielsweise führten auf einer Versammlung in Halberstadt vom Mai 1899 mehrere Detaillisten aus: Das System des grossen Umsatzes mit kleinem Nutzen ruiniere den Kleinhandel und deshalb müsse es — insbesondere auch bei den Konsumvereinen — höher besteuert werden. In ähnlichem Sinne bewegte sich folgende Darlegung in der Frankfurter Oderzeitung vom 27. Mai 1899: „Ohne grosse Betriebsmittel ist es einem, wenn auch noch so strebsamen Kaufmann, nicht mehr möglich, sich gegenüber der kapitalkräftigen Konkurrenz mit Erfolg zu behaupten und, wonach doch ein Jeder strebt, vorwärts zukommen. Deshalb ist ein Ausgleich notwendig, und ein solcher ist nur durch eine höhere Besteuerung der mit grossen Mitteln arbeitenden, jede Konkurrenz ertötenden Grossdetailgeschäfte zu erzielen." Übrigens macht Öser in seiner Broschüre über die Besteuerung des Kleinhandels, S. 27, mit Recht darauf aufmerksam, dass alle die Grossgeschäfte, die regulären, wie die Ramschbazare, nicht etwa Schöpfungen des Grosskapitals seien. „Sie sind aus den natürlichen Verhältnissen hervorgegangen und meist aus kleinen Anfängen entstanden. Die Hilfe des Grosskapitals haben sie erst empfangen, als sie bereits eine beträchtliche Entwickelung hinter sich hatten. Was hier geschah, vollzieht sich auf dem Boden der Gewerbefreiheit immer, d. h. jeder Detaillist kann bei Fleiss, Intelligenz, Thatkraft und Glück sein Unternehmen ebenfalls auf eine Stufe heben, dass ein „Warenhaus", d. h. ein Grossunternehmen daraus wird. Einmal freilich hat das „Grosskapital" versucht, ein Warenhaus aus dem Nichts mit der blossen Macht des Geldes hervorzurufen. Das geschah mit dem Kaiserbazar in Berlin, der 1891 mit 4 Millionen Mark Kapital gegründet wurde. Nach 18 Monaten schon war dieses Unternehmen verkracht. Das gesamte Aktienkapital wurde verloren und die Gläubiger erhielten nur 55 % ihrer Forderungen. Kapital allein also thut es nicht!"

„Frage: Wodurch verursachen die Grossbetriebe die Schädigungen „der anderen Gewerbe? Ich sage: Nur durch den Umsatz. Ob „ein Warenhaus 100 oder 200 Angestellte, ob es viel oder wenig „Anlagekapital hat, ob der Reingewinn hoch oder niedrig ist und „wie viele Branchen das Warenhaus führt — alles das ist den „anderen Geschäftsleuten gleichgültig, der grosse, riesengrosse Umsatz „ist es, der verderblich für die anderen wirkt. Darum giebt auch „nur der Umsatz den richtigen Massstab ab für die Besteuerung." Dieser Ausgangspunkt ist sowohl nach der geschichtlichen Entstehung der hier in Frage stehenden speciellen Bedrängnis und Konkurrenz, als auch insbesondere im Hinblick auf ihre weittragenden Konsequenzen ganz verkehrt. Ein sehr wesentliches Merkmal ist — neben dem Massenumsatz — die von uns erwähnte Kreditseite und Vertriebsmethode. Es ist deshalb korrekter, wenn als Ziel der Regierungs-Intervention in der Denkschrift des „Bundes der Handel- und Gewerbetreibenden zu Berlin" vom Febr. 1899 bezeichnet wird: die Grossbazare zu zwingen, eine gewisse Anzahl von „Sammelbranchen", sowie das System der „Lockartikel" aufzugeben und nur solche Artikel zu führen, deren Preisstellung den Zuschlag einer Umsatzsteuer erträgt. Da sich letzteres nach einer — allerdings anfechtbaren Entscheidung des Schöffengerichts zu Rheydt vom 22. April 1899 — heute schon unter das Gesetz über den unlauteren Wettbewerb unterstellen lässt, so könnte immerhin eine Ausdehnung des Reichsgesetzes nach den beiden angedeuteten Richtungen hin in Frage kommen. Aber auch dieser Vorschlag ist unannehmbar: er ist unvollkommen, weil noch die weiteren Merkmale: Grosskapital, Grosskredit u. s. w. fehlen, und schiesst doch über sein Ziel hinaus: aus welchem inneren Grund soll man das Führen von „Lockartikeln" besteuern? wie soll der Fiskus dies kontrollieren? Wie soll er überhaupt den Handel „moralisieren" und meistern?

Will man den Grossbesitz treffen, so muss man konsequenterweise neben dem Grosskapital im Detailhandel dasjenige in allen anderen Erwerbs-Gebieten in gleicher Weise heranziehen. Der heutige Stand der Steuersysteme der einzelnen Bundesstaaten ist aber, wenigstens vorerst noch, ein solcher, dass auf die Einführung einer solchen Vermögenssteuer — neben der progressiven Einkommenssteuer — keine Aussicht vorhanden ist.

Will man das grosse Einkommen aus dem werbenden Kapital treffen, so ist die Höhe des Umsatzes hierzu ein untaugliches Merkmal, da beide nicht in einem inneren ursächlichen Zusammenhang miteinander stehen. Der Umsatz an sich giebt einen untrüglichen Massstab für die Höhe des Ertrags nicht ab. Im Gegenteil, der Umsatz pflegt heutzutage im Verhältnisse zum Ertrage um so bedeutender zu sein, je geringer der Gewinn ist, mit dem sich der einzelne Kaufmann begnügt. —

Eine solidere Grundlage hätte der Ausbau der Gewerbesteuer in der Richtung, dass sie entsprechend dem grösseren Umtrieb und der schärferen Konkurrenz progressiv aufsteigen würde und zwar parallel mit den übrigen Ertragssteuern, die in gleicher Richtung (wie die Logik und Billigkeit verlangt) fortgebildet werden müssten.

Allerdings kann sich, schon mit Rücksicht auf die heutige Gestaltung des Vertriebs, gerade eine Handelskammer zu der prinzipiellen Befürwortung einer Besteuerung des grossen Umsatzes kaum verstehen. Diese Steuer käme darauf hinaus, dass die grössere Rührigkeit, die zur Erzielung eines höheren Umsatzes führt, gewissermassen bestraft und umgekehrt die Unfähigkeit belohnt wird. Endlich kann dem Handelsstand nicht die übermässige Ausdehnung eines Steuersystems erwünscht sein, das nicht ohne eine lästige Kontrolle über die Selbstdeklaration und ohne das Eindringen in Verhältnisse, welche der Kaufmann geheim halten will, durchgeführt werden kann.

Der seit einem Jahrhundert anerkannte Hauptgrundsatz für eine jede Gewerbe- und Kapital-Steuer ist: sie muss gerecht sein und im Verhältnis zum Ertrag, zu der Leistungsfähigkeit des Steuerpflichtigen und — wenn die Gemeinde die Steuer beansprucht, zu deren speciellen Gegenleistungen stehen. Entspräche die Umsatzsteuer diesem Grundsatze? Mutatis mutandis gilt hier dasselbe, was z. B. Vocke („Grundzüge der Finanzwissenschaft", 1894. III. Abschn. 4. Kap. S. 357, Glieder des Steuersystems) über eine derartige Ergänzung des Steuersystems durch Verkehrsabgaben über die (indirekten) Verkehrsabgaben äussert. Er spricht sich dahin aus wie folgt:

„Die Begründung derselben glaubt man darin gefunden zu haben, dass sie bestimmt sein soll, „die Lücken der direkten Besteuerung und der Verbrauchsauflage" dadurch auszufüllen, dass sie

1) den von der direkten Steuer nicht genügend getroffenen Erwerb besser heranziehe;
2) den in deren Bereich gar nicht fallenden Erwerb und
3) die von der Verbrauchsauflage nicht erreichbaren Ersparnisse treffe.

„Zu 1) Die Spitze dieser Absicht richte sich vorzugsweise gegen die grossen Kredit-, Handels- und andere Geschäfte, deren Ertrag schwierig zu ermitteln sei, und deren einzelne Verkehrshandlungen (Anweisungen, Quittungen, Wechsel, Schlussscheine u. a.) daher mit Abgabe belegt werden müssten. Wenn diese

Schwierigkeit auch wirklich bestände, so wäre das Mittel, ihr zu begegnen, doch falsch, denn einerseits finden diese Geschäftsleute leicht Wege, die Abgaben von sich abzuwälzen, anderseits ist es ganz unmöglich — die Überwälzung mag gelingen oder nicht —, diese Abgabe in irgend ein Verhältnis zu dem Ertrag oder vollends der Leistungsfähigkeit zu setzen. Hinsichtlich ihres Masses ist nie eine Klarheit zu erreichen und der Gesetzgeber gleicht dabei einem Manne, der mit verbundenen Augen zuschlägt. Auf diese Weise soll eine vernünftige Ergänzung der Steuer möglich sein?"

Wie schwer überhaupt die juristische Formulierung und Konstruktion der „Konkurrenzsteuer" fällt, zeigt ein Blick auf die bisherigen Versuche der bayrischen und preussischen Gesetzgebung. In Bayern hat die Abgeordnetenkammer im März 1899 eine Umsatzsteuer für Warenhäuser, Grossbazare u. s. f. bis zu 3% angenommen; die Formulierung jedoch kann nur als Muster dafür gelten, wie man ein Steuergesetz nicht machen soll.* Schon Ende 1895 hatte die

* Sie lautet: „Gewerbliche Unternehmungen, welche behufs gewinnbringender Verwertung grösserer Betriebsmittel ihrem Geschäftsbetrieb eine aussergewöhnliche Ausdehnung geben und durch die Art ihres Geschäftsverfahrens von den Grundsätzen und Formen, unter welchen die im Tarife enthaltenen Gewerbe ausgeübt zu werden pflegen, wesentlich abweichen, sind mit einer nach dem Geschäftsumfang steigenden Normalanlage zu belegen, welche unter Hinzurechnung der Betriebsanlage nicht unter einem halben Prozent und nicht über 3 Prozent des Geschäftsumsatzes betragen soll. — Zu den gewerblichen Unternehmungen der erwähnten Art zählen unter den angegebenen Voraussetzungen insbesondere:

a) Warenhäuser, Grossmagazine, Grossbazare, Abzahlungs- und Versteigerungsgeschäfte, sowie Versandgeschäfte, durch welche Waren, die ihrer Beschaffenheit nach verschiedenen Gattungen angehören, oder als Erzeugnisse verschiedener Industriezweige oder Handwerksgeschäfte anzusehen sind, in grösserem Umfange mittels Einzelverkaufs in offenen Verkaufsstellen feil gehalten oder im Wege des unmittelbaren Versandes an die Konsumenten zur Veräusserung gebracht werden.

b) Gewerbe der unter lit. a bezeichneten Art, in welchen der Betriebsumfang durch Haltung einer Mehrzahl von Verkaufsstellen oder Niederlagen für den Vertrieb der Waren oder Erzeugnisse aussergewöhnlich erweitert wird.

Als Geschäftsumsatz, für dessen Bemessung die Bestimmungen des Art. 7 Abs. 2. sowie des Art. 9 Abs. 2 Ziff. 1 lit. a sinngemässe Anwendung zu finden haben, gilt die Gesamtbruttoeinnahme des Hauptgeschäftes und der etwaigen Filialen. Die hiernach festgesetzte Normalanlage ist für das Hauptgeschäft und jede einzelne Verkaufsstelle oder Niederlage entsprechend auszuscheiden, sofern das Hauptgeschäft und die sämtlichen Verkaufsstellen und Niederlagen sich nicht an demselben Orte befinden." Diese Bestimmungen finden unter den angegebenen Voraussetzungen auch auf näher bezeichnete auswärtige Unternehmungen Anwendung.

Zu welch sonderbaren Vorschlägen der gute Wille, die Warenhäuser höher zu besteuern, mitunter führt, zeigt auch folgende Formulierung eines der Braunschweiger Abgeordnetenkammer am 3. Dezember 1898 eingereichten Antrags:

bayrische Abgeordnetenkammer eine „so hohe Besteuerung der sogen. Warenhäuser, Versandgeschäfte, Filialgeschäfte und anderen Grossunternehmungen beantragt, dass der durch diese Unternehmungen drohende Ruin der mittleren und kleineren Betriebe verhindert werden kann.“ Sonst heisst es: „gut Ding hat lang Weil“; die Erfahrung wird zeigen, dass das Sprichwort diesmal nicht zutrifft.

Ebenso berät das Preussische Abgeordnetenhaus drei Jahre lang (Antrag Brockhausen vom 14. April 1896) über die Abgrenzung des Begriffs „Warenhaus“ und über die Gestaltung der Umsatzsteuer. Der Entwurf vom 20. Februar 1899 sieht von einer Umsatzsteuer ab und schlägt dafür eine Mischung von Raum-, Branchen-, Filial- und Kopfsteuer vor. Der Steuer sollen die Geschäfte unterworfen werden, in denen mindestens drei von fünf aufgeführten Warengruppen gehandelt werden, unter Verwendung von mehr als 25 Gehilfen oder in Geschäftsräumen mit einem bestimmten Mietwert. Dieser Vorschlag stellt das Höchstmass dar, das Finanzminister v. Miquel anbieten konnte, befriedigte aber, wie Miquel selbst in der Sitzung des preuss. Landtags vom 16. Juni 1899 konstatierte, in den Detaillistenkreisen in keiner Weise und wurde anderseits von der weitaus überwiegenden Mehrzahl der Handelskammern als unannehmbar erachtet. Der Hauptfehler an diesem wie an allen bisherigen Projekten ist der Rückfall in das gänzlich veraltete System der Besteuerung nach äusseren Merkmalen.

d) Gemeindesteuer.

Lassen wir die prinzipiellen Bedenken beiseite und untersuchen wir weiter: wie soll die Konkurrenzsteuer durchgeführt werden? Hier fragt sich zunächst: Ist die vorgeschlagene Steuer überhaupt als Staats- oder als Reichs- oder als Gemeindesteuer zu konstruieren?

„Personen und Gesellschaften u. s. w., welche infolge der Art ihres Geschäftsbetriebs bei grossem Umsatz kein entsprechendes (!) steuerpflichtiges Einkommen erzielen und die Steuerkraft unserer Gewerbetreibenden vermindern (!), können von den Gemeinden zu einer speciellen Steuer herangezogen werden. Diese ist auf Antrag der Gemeinde von der Aufsichtsbehörde nach billigem Ermessen festzustellen. Gegen den Beschluss der Aufsichtsbehörde findet innerhalb zwei Wochen Beschwerde an das Staatsministerium statt.“

Dass mit einer solchen Bestimmung der Willkür Thür und Thor geöffnet würde, liegt auf der Hand. —

Die jüngste Variation dieser Sondersteuer stellt sich in einem Entwurfe dar, der zur Zeit innerhalb der Schweizerischen Bundesregierung beraten wird. Danach sollen alle Geschäfte, die mehr als vier verschiedenartige Artikel führen, und einen höheren Umsatz als 15 000 Fr. pro Jahr erzielen, einer besonderen Steuer in der Höhe von 2—12% unterstellt werden. —

Eine Schwierigkeit ergiebt sich jedenfalls für die Bundesstaaten, die ihr Steuersystem schon nach dem Einkommenssteuer-Prinzip ausgebaut haben, wie für Preussen, die Hansestädte, in gewisser Beziehung auch für Baden. Ob hier eine rechtliche Grundlage zu der verlangten weiteren Einkommenssteuer gefunden werden kann, ist sehr fraglich. In den Gesetzen dieser Staaten, wie auch insbesondere in dem bayrischen und württembergischen Entwurf ist eine Entlastung der kleineren Betriebe (genauer Einkommen) und eine stärkere, progressiv ansteigende der grösseren schon vorgesehen. Für Dreiviertel der Bundesstaaten dürfte also die ganze Agitation lediglich darauf hinauslaufen, dass sie offene Thüren einstösst. — Abgesehen davon steht einer landesgesetzlichen Regelung auch die Erwägung entgegen, dass bei ihr die Berücksichtigung der mancherlei örtlichen Verschiedenheiten kaum möglich ist.

Am wirksamsten wäre eine Reichssteuer: durch sie könnten auch Umgehungen (z. B. durch Umwandlung des Bazars in ein Versandgeschäft) getroffen werden. Indes kann aus staatsrechtlichen Gründen, die vor einem Jahrzehnt bis zum Überdruss dargelegt wurden, auch von einer Reichssteuer nicht die Rede sein.

So bleibt nur die Gemeindesteuer übrig. Für die Bevorzugung der Gemeindesteuer spricht auch die Erwägung, dass es nur bei ihr möglich ist, die Mehrbelastung des Grossbetriebs zu gunsten der Erleichterung der Kleinbetriebe, wie es z. B. neuerdings bei der Malzsteuer der Fall ist, zu verwenden. Ein darauf zielender Regierungsentwurf liegt dem Preussischen Landtag vor. Begründet wird er damit: „Die Kommunalbesteuerung der in neuerer Zeit entstandenen grossen Warenhäuser entspricht nicht ihrer Bedeutung und Stellung im gewerblichen Verkehr; sie bedarf einer besonderen Regelung, welche die gerechtere Heranziehung dieser Betriebe sichert und dadurch zugleich den kleineren Gewerbetreibenden in dem Wettbewerb einen wirksamen Schutz gewährt.“ Voraussichtlich wird der Entwurf, wenn auch mit verschiedenen Modifikationen, Gesetzeskraft erlangen. Nur muss man sich bei dieser Steuerart von vornherein vergegenwärtigen, dass gerade, wenn sie auf die Gemeinde beschränkt wird, die Zweifel und Bedenken sowohl in Bezug auf den Effekt, als auf das massgebende Rechtsprinzip ganz wesentlich verstärkt werden.

Giebt man nämlich die Sondersteuer der Gemeindeverwaltung frei, so geht es noch weniger als bei einer Staatssteuer an, die Beurteilung und Einschätzung der zur Sondersteuer herauszugreifenden

Geschäfte lediglich der Praxis, d. h. dem willkürlichen Ermessen, zu überlassen, soll sie nicht zu den grössten Inkongruenzen und Ungleichheiten führen. Man denke sich den praktischen Fall: auf dem Rathaus soll gegenüber zwei oder drei, schon ohnehin nicht sehr beliebten Firmen entschieden werden, ob ihr Umsatz unverhältnismässig gross, die Preise unverhältnismässig nieder und der Ertrag nicht entsprechend seien; die Sachverständigen, welche diese Kriterien festzustellen haben, sind für die Regel die Gegner oder Konkurrenten der zu besteuernden Firmen. Es muss im Gesetz ganz genau festgelegt werden, welche Art von Geschäften es der Sondersteuer unterwerfen will und welche nicht. Die Begriffsbestimmung des Hinübergreifens in verschiedene Branchen — da die Artikel der Warenhäuser einem Dutzend Branchen angehören — ist ungenügend. Eine solche Branchensteuer würde für jeden Detaillisten selbst zur Gefahr: warum soll er nicht, wenn sich seine Branche nicht mehr als ertragsfähig erweist, weitere zulegen dürfen, die ihm Umsatz bringen können?*

Eine derartige Auferlegung einer Sondersteuer müsste die Quelle eines fortwährenden Kriegs zwischen der Steuerveranlagungskommission, dem Steuerpflichtigen und dem Verwaltungsgerichtshof werden. Wenn nicht die Begriffsmerkmale des Warenhauses schärfer präcisiert werden, ist die Steuer in einem Rechtsstaate überhaupt unmöglich. Nun verhält es sich mit dieser Präcisierung wie mit der ähnlichen für den Grossbetrieb in der gewerblichen Produktion. Seit zwei Jahrzehnten versucht man für die Reichsgewerbeordnung und das Unfallversicherungsgesetz, sowie für die Rechtsprechung den Begriff der „Fabrik“ klar festzulegen, aber ohne Erfolg. Noch weniger wird dies für das Detailgeschäft, weil hier die Grenze noch mehr in Fluss ist, gelingen. Wo hört im Detailgeschäft der Kleinbetrieb auf, wo fängt der Grossbetrieb an? Ist ein Warengeschäft, das vielleicht nur eine Filiale, und sei sie noch so klein, unterhält, schon ein Filialgeschäft? Wie viele solcher Filialen müssten

* Der Verkauf lediglich verschiedenartiger Artikel, die verschiedenen Branchen angehören, kann an sich noch nicht als das Merkmal eines illoyalen Geschäftsbetriebs bezeichnet werden. Auf dem Lande giebt es verschiedene Geschäfte, die neben Spezerei- („Kolonial“-, „Material“-) Waren jeder Art zugleich Kurz- und Ellen- oder Glas- und Porzellan- oder Eisenwaren oder Schuhe, Hüte und Kleidungsstücke führen. Und anderseits giebt es in den Grossstädten manche altrenommierte Geschäfte, die sich allmählich so vielerlei Artikel zugelegt haben, dass es schwer hält, den Unterschied ihrer Assortierung von derjenigen eines Bazars herauszufinden.

es sein? Erstreckt sich die Forderung auf Stammgeschäfte, die Filialen in der gleichen Stadt haben, oder nur auf solche, die sie in anderen Städten führen? Was ist ein Geschäft von „aussergewöhnlichem Betriebsumfange“? Was versteht man überhaupt unter dem zu besteuernden Umsatz eines Warenhauses? Auch den Engros-Verkehr? Eine befriedigende Antwort auf all diese Fragen hat man bis heute noch nicht gefunden.

All diesen Bedenken nun sucht die jahrelang durchberatene Gewerbesteuerordnung für die Stadt Dresden vom März 1899 auszuweichen. Danach sollen alle Inhaber offener Geschäfte zu einer Sondersteuer herangezogen werden, weil ihnen das Wachstum und der Verkehr der Stadt besonders zu gute komme. Die Steuerpflicht beginnt bei einem Mindestumsatz von 200 000 Mk., bei den Zweiggeschäften schon bei einem solchen von 10 000 Mk.* Auch diese neueste Formulierung fordert den Widerspruch von selbst heraus: warum soll gerade ein Detailgeschäft von dem grossstädtischen Verkehr mehr Vorteile haben, als ein Engrosgeschäft oder eine Fabrik, oder ein Terrainspekulant oder ein Hotel, Pensionat, Theater, eine Badanstalt u. s. w.? Warum soll dieser besondere Vorteil erst bei einem Jahresumsatz von 200 000 Mk. beginnen? Manche Zweige des Detailhandels, z. B. Kolonialwaren, Petrol u. s. w., werfen nur noch 2—3 % Reingewinn ab: mit welchem Recht verlangt die Stadt neben der Staatssteuer vom Umsatz noch weitere 2 %? —

Einen durchschlagenden Erfolg kann die Sondersteuer nicht erbringen, schon aus dem einfachen Grund, weil deren konsequente Durchführung sich gegen den gesamten Grossbetrieb richten muss und darin für die Gemeinden die Gefahr einer Beeinträchtigung ihrer weiteren Entwickelung und ihrer Steuerkraft liegt.

---

* Die Dresdner Gewerbesteuerordnung sieht bezuglich der Steuersätze für die Hauptgeschäfte eine Besteuerung nach ½ Proc. vom Umsatze erst bei mehr als 700 000 Mk. Umsatz und eine solche nach 1 Proc. vom Umsatze erst bei mehr als 1 200 000 Mk., eine solche nach 2 Proc. vom Umsatze erst bei mehr als 2 300 000 Mk. vor. Der Übergang vom steuerfreien zum steuerpflichtigen Umsatze ist derart gedacht, dass bei mehr als 200 000 Mk. Umsatz die Steuer mit 0,2 Proc., d. s. 400 Mk. oder etwa ½—4 Proc. vom Reineinkommen, beträgt. Für die Zweiggeschäfte sind drei Staffeln aufgestellt worden mit fortgesetzt gesteigerten Sätzen, je nachdem bis zu drei oder vier, bis sechs oder über sechs Zweiggeschäfte gehalten werden. Die Staffel für ein bis drei Zweiggeschäfte erreicht 2 Proc. vom Umsatze beim Überschreiten von 200 000 Mk. Umsatz, die Staffel für vier bis sechs Zweiggeschäfte beim Überschreiten von 1 600 000 Mk., endlich die Staffel für mehr als sechs Zweiggeschäfte beim Überschreiten von 1 200 000 Mk.

Speciell in Württemberg kann es sich im Hinblick auf die Steuergesetzes-Entwürfe, welche die Abgeordnetenkammer schon passiert haben und eine Steuerprogression bis zu 5 Procent des Einkommens vorschlagen, nur darum handeln, ob die Progression auch auf die Gewerbesteuer (die als Ertrags- oder Objektensteuer bestehen bleibt) übertragen und der Gesichtspunkt der Leistungsfähigkeit noch schärfer zum Ausdruck gebracht werden soll. Dieser Vorschlag muss dann folgerichtig neben den Grossbetrieben im Detailhandel auch die Grossbetriebe in allen anderen Erwerbszweigen, also die grossen Fabriken, Banken u. s. f., treffen. Denn auch auf sie findet die gleiche socialpolitische Erwägung Anwendung, dass sie 10—100 Kleinbetriebe ersetzen und verdrängen und kleineren Existenzen das Fortkommen erschweren. — Dazu kommt, dass ein so stark progressiver, prohibitiv wirkender Steuersatz, wie er von der Agitation verlangt und versprochen wird, in Württemberg so wenig, wie in irgend einem anderen Einzelstaat eingeführt werden kann, weil einem solchen der § 7, Ziff. 6 der Reichsgewerbeordnung entgegensteht. Dies wurde in der Kommissionsberatung des preussischen Abgeordnetenhauses über den Antrag Brockhausen ausdrücklich von dem Regierungsvertreter erklärt.

Für die Durchführung der Gemeindesteuer stellte eine preussische Handelskammer folgende allgemeine Gesichts- und Grenzpunkte — mit denen auch wir uns einverstanden erklären können — auf:

1) Eine gerechtere steuerliche Belastung der verschiedenen gewerblichen Betriebe hat sich nicht auf die Kleinhandelsbetriebe zu beschränken, sondern ist auf alle Handels- und gewerblichen Betriebe auszudehnen.

2) Dieselbe ist nur durch eine generelle Abänderung des Gewerbesteuergesetzes zu erreichen, indem bei der Besteuerung nicht nur der Geschäftsertrag, sondern der ganze Umfang des Geschafts (Ertrag, Geschäftsräume, Personal) angemessen berücksichtigt wird.

3) Eine Entlastung der kleineren und mittleren Geschäfte hat dadurch stattzufinden, dass von dem Geschäftsertrag ein für die einzelnen Orte, für den Geschäftsinhaber und seine mitthätigen Angehörigen festzusetzender Arbeitsertrag in Abzug zu bringen ist.

4) Sämtliche mit dem Verkauf von nicht ausschliesslich selbst oder von ihren Mitgliedern erzeugten Waren sich befassenden Genossenschaften, Vereine oder anderweite Organisationen sind sowohl bezüglich der Gewerbesteuer wie auch hinsichtlich der Staats- und Gemeindeeinkommenssteuer ebenso zu behandeln, wie selbständige Handeltreibende. Insofern dieselben keinen Gewinn verteilen, ist ein fingiertes Einkommen von den Steuereinschätzungskommissionen nach Massgabe des Geschäftsumfanges festzusetzen und der Besteuerung zu Grunde zu legen.

5) Eine die natürliche Steigerung übertreffende Erhöhung des Ertrages

der in einem Veranlagungsbezirke bisher aufgekommenen staatlich veranlagten Gewerbesteuer ist — soweit es sich um den Kreis der bisher Steuerpflichtigen handelt — bei der Reform der Gewerbesteuer zu vermeiden.

Der preussische Gesetzesentwurf vom 20. Februar 1899 stellt, um auch den Filialbetrieb der Konkurrenzsteuer zu unterwerfen, den eigentlichen Warenhäusern diejenigen Geschäfte gleich, welche drei oder mehr Betriebsstätten besitzen.* —

Wir werden gerne dabei sein, Abhilfe zu leisten, wenn die Steuergesetze Lücken aufweisen.** Nur hat auch die verlangte Progression ihre fixen Grenzen, soll sie nicht in das socialistische Fahrwasser hinüberleiten; das haben wir bei den Landtagsberatungen über die Steuerprogression aus Anlass der Steuerdebatten sattsam erfahren. Jedenfalls kann diese Progression nicht so weit gehen, dass der Kleinhandel, wie er erstrebt, im Konkurrenzkampf mit den Bazaren ebenbürtig gemacht wird.*** Indem wir dies konstatieren,

---

* Dazu macht die Handelskammer Hannover die Mitteilung, dass 1898 durch ein gerichtliches Erkenntnis entschieden worden ist, dass ein Versandhaus, das in mehr als 200 Plätzen Deutschlands Filialen besitzt, für diese sämtlichen Filialen keine Steuern zu bezahlen habe. Auch sei es nicht verpflichtet, diese Filialen an dem Orte der Zweigniederlassung in das Handelsregister eintragen zu lassen, weil es sich dabei nur um Abgabestellen handle, die etwa nach Art eines Automaten arbeiten, nicht aber um selbständige Geschäfte, da der Preis dem angestellten Verkäufer durch das Stammhaus ein für allemal festgesetzt sei. Dabei sind aber diese über das ganze Reich zerstreuten Geschäfte solche, welche dem ansässigen Kaufmann in dem Specialartikel den schärfsten Wettbewerb bereiten und vielfach einen Verdienst an der Ware ganz unmöglich machen. — Auch kommt es nicht selten vor, dass die Filialen vom Hauptgeschäft die Waren nicht zu einem Grossopreise beziehen, sondern zum Verkaufspreise, so dass sich aus den Büchern nachweisen lässt, dass in der Zweigniederlassung ein Gewinn nicht erzielt ist. Auch auf diesem Organisationsweg wurde schon die Filialsteuer umgangen. Eine ausdrückliche Bestimmung nun, dass die Filialgeschäfte an dem Orte ihrer Zweigniederlassung selbständig zu einer besonderen Gewerbesteuer herangezogen werden müssen, würde nur der Billigkeit entsprechen.

** Für Preussen z. B. bildet es keine Frage, dass von den Gemeinden die ihnen überwiesene Gewerbe-Ertragssteuer noch weiter ausgebildet werden muss. Bis heute haben dort noch manche Grossbazare und Filialgeschäfte eine so niedrige Steuer an die Gemeinde zu bezahlen, dass sie in keinem Verhältnis zur Leistungsfähigkeit und zu dem Interesse an den Gemeindeveranstaltungen steht.

*** So entgegenkommend sich auch das preussische Finanzministerium gegen die Agitation erweist, so musste ihr doch dessen Vertreter in der Sitzung des preussischen Abgeordnetenhauses vom 19. April 1898 entgegenhalten: „Ihr ganzes Vorgehen bietet frappant das Bild einer abschüssigen Bahn, die nicht nur zu einer grösseren und höheren Belastung in vertikaler Richtung glauben wir im richtigen Interesse der Nächstbeteiligten zu handeln. Sie haben an Zeit und Geld nicht viel zu verlieren; wir scheuen uns deshalb, sie in unklaren Illusionen zu bestärken. —

4) Voraussichtlicher Effekt der Gemeinde-Umsatzsteuer.

Von dem oben gezeichneten Standpunkt der Realpolitik aus und mit Rücksicht auf die in den einzelnen Abgeordnetenhäusern vorherrschende Stimmung erscheint es als wahrscheinlich, dass die verlangte Durchbrechung des allgemeinen Steuersystems in den nächsten Jahren durchgeführt wird.

Auf einem anderen Blatte steht die Frage: Kann sich der einzelne bedrohte Detaillist auch auf den versprochenen Effekt der Sondersteuer verlassen und einrichten? wird dadurch dem Kleinhandel auch mit voller Sicherheit geholfen werden? Die Frage hat deshalb eine entscheidende Bedeutung, weil ihre hauptsächliche Begründung auf der dem Kleingewerbe in Aussicht gestellten Hilfe beruht. Diese Hilfe nun hängt lediglich von der Höhe des verlangten Steuersatzes ab. Wenn die Konkurrenzsteuer im Sinne der Befürworter auch wirksam die Grosskonkurrenz unterbinden soll, dann muss sie den Charakter einer Erdrosselungssteuer haben; eine nur mässige Steuerbelastung führt den verlangten Erfolg nicht herbei. Und die weitere Frage geht dahin: Kann der Fiskus dem Zuge zur Kapitalassociation und zur Spesenersparung im Wege des Grossbetriebs mit Erfolg Schranken auferlegen?

Die Antwort ergiebt sich aus steuertechnischen Gesichtspunkten, sowie aus einer Vergleichung der allgemeinen Bedrängnisse der kleinen Ladengeschäfte speciell mit der andrängenden grosskapitalistischen Konkurrenz.

a) Steuertechnische Gesichtspunkte.

Aus dem Bisherigen geht hervor: schon im allgemeinen bedeutet die Einführung einer „Konkurrenzsteuer" eine tendenziöse Durchbrechung der gesetzlich bestehenden Steuergrundsätze. Nur für sich,

---

heraufsteigt, sondern die möglicherweise auch nach den Seiten abschüssig wird. Wir haben uns schon vergegenwärtigt, dass doch nicht allein der Kleinhandel unter diesen und ähnlichen Bedrängnissen leidet, sondern dass auf der anderen Seite die Handwerker gegenüber der Massenproduktion der Fabrikanten, die Klein-Müller gegenüber den grossen Dampfmühlen u. s. w. — eine Reihe von Ausgleichungen fordern."

ohne Rücksicht auf den systematischen Zusammenhang auf die anderen Steuern kann sie nicht durchgeführt werden. Mit diesem Zusammenhang aber sinkt die geplante Rettungsaktion zu einer Pfennig-Rechnung zusammen. Was von der „Rettung" des Mittelstandes und dem „grossen Reformwerk für Wiedereinführung von Treu und Glauben" als greifbarer Effekt übrig bleiben wird, ist nichts anderes, als ein fiskalisches Manöver* und die Belastung des gesamten Handels mit einer chikanösen Umsatzsteuer, die in der Folge noch weiter ausgedehnt werden wird. Dass darum Vertreter des Handels selbst nachsuchen, ist ein Unikum in der Steuergeschichte und erinnert an Äsops Fabel von den Fröschen, die um die Ordnung ihres Reiches durch einen König petitionierten und als solchen einen Storch bekamen.

Die Betrachtung all der bisherigen, insbesondere der preussischen Versuche und Steuerprojekte zeigt, dass der Gesetzgeber eine wirksame „lex Tietz" oder „lex Wertheim", selbst wenn er will, kaum schaffen kann. Es hat denn auch erst im Dezember 1898 in Hamburg ein von der Bürgerschaft niedergesetzter Ausschuss es für unmöglich erklärt, den Detaillisten durch gesetzgeberische Massregeln zu helfen. In gleicher Weise erklärte im Januar 1899 der Braunschweigische Landtag, gegen die auf dem Gebiete des Detailhandels hervortretenden Übelstände könne mit Erfolg durch Massregeln der einzelnen Bundesstaaten oder Gemeinden nicht angekämpft werden; der Landtag verwies zwar zugleich auf das Reich; was aber davon zu erwarten ist, haben wir schon gezeigt und wurde auch in den dortigen Beratungen hervorgehoben. —

* Die Agitation selbst wird sich damit nicht beruhigen. Schon wird für die folgende Zeit die Parole ausgegeben; die „Reklame" z. B. führt unterm 10. Februar 1899 aus: „Das ganze grosse Reformwerk scheint auf gewisse unzureichende Massregeln der kommunalen Steuerpolitik hinauslaufen zu sollen, auf Massnahmen, die die Gefahr dem unkundigen Blicke verdecken, sie aber nicht beseitigen können. Es ist hohe Zeit, dass alle Gegner der Warenhäuser erneut und entschlossen zu der Frage Stellung nehmen, da nur eine Radikalkur die Lösung und Heilung bringen kann . . . . . Eine derartige Steuer muss in ihrem Enderfolg eher schädlich als nutzlich wirken. Sie ist bestenfalls eine Hilfe für den kommunalen Steuersäckel, keine Hilfe für den bedrängten gewerblichen Mittelstand. Dem ist mit solchen eher schädlichen als nützlichen Beschwichtigungsmitteln, die lediglich den Zweck haben, den Schein zu wahren, nicht gedient; gegen die grossen Warenhäuser kann nur ein völliges Verbot oder eine wirkliche Erdrosselungssteuer helfen. Und zu einem von diesen unabwendbaren Schritten wird sich die Regierung entschliessen müssen, wenn sie den Mittelstand, die festeste Säule des Staates, nicht zu Grunde gehen sehen will."

b) Stärkung der Lebens- und Konkurrenzfähigkeit der Detailgeschäfte.

Das Hauptziel, das der Agitation vorschwebt, ist die Eindämmung der Konkurrenz: würde solche erreicht?

Nach der eben erwähnten Festsetzung der Sondersteuer in Dresden, die noch verhältnismässig am besten gelungen ist, würde ein Warenhaus mit einem Jahresumsatz von 2—3 Mill. Mark 2 % oder 50000 ℳ von der Reineinnahme an die Gemeinde zu bezahlen haben. Was wird damit gewonnen?

Setzen wir den unwahrscheinlichen Fall, dass die Grossmagazine durch eine solche „Konkurrenzsteuer" in der That sich beengt fühlten: was geschieht dann? Würde der Inhaber deshalb etwa den Grossbetrieb aufgeben? Eher noch dürfte er versuchen, die Steuer abzuwälzen oder den Charakter seines Geschäfts umzuwandeln. Die Überwälzung ist denkbar auf das Publikum, auf die Fabrikanten und Lieferanten, oder auf das Personal; dem Publikum gegenüber wäre dies für eine Reihe von Artikeln möglich; den Fabrikanten gegenüber sind die Warenhäuser mit ihren grossen Bestellungen überlegen und zu einem die Konjunktur beherrschenden Faktor geworden. Für gewisse Specialitäten können sie sich vereinigen und die gesamte Produktion aufkaufen oder die Fabrikation der Artikel selbst in die Hand nehmen. Weiter wäre es dem Inhaber eines solchen Bazars ein Leichtes, sein Geschäft in ein Versandgeschäft umzuwandeln oder ein Netz von Zweiganstalten anzulegen. So hat z. B. eine Hamburger Firma, M. J. Emden Söhne, nicht weniger als 200 Zweigbetriebe, von welchen ihre Waren in Kommission zum Verkauf übernommen werden. Auch zahlreiche Exportgeschäfte haben Dutzende von Zweiganstalten. Mitunter unterhalten grosse Unternehmungen selbst in verschiedenen Ländern Niederlagen, für die sie teilweise besondere „Generalvertretungen" einrichten. „Das ist," führt Cohn (Nat.-Ök., III. Bd., S. 234) mit Recht aus, „unkontrollierbar, daher unzerstörbar; würden die sichtbaren Filialen unterdrückt, so würden sie sich in Surrogatgebilde auflösen. Die Fabriken kann man zerstören, nicht aber die Fortschritte der kommerziellen Organisation." *

In dieser Richtung liegen schon bestimmte Erfahrungen vor. So aus den Vereinigten Staaten und aus Frankreich. Zuerst hatte

* Was noch bezeichnender ist: Die „Ligue syndicale pour la défense des intérêts du travail, de l'industrie et du commerce", welche die Umsatzsteuer erkämpft hat, ist seitdem eingeschlafen, und ihr Journal: „La Revendication" eingegangen.

man im vorigen Jahrzehnt in der Union den gleichen Agitationskampf, wie bei uns. Das Ergebnis war: die Warenhäuser haben sich immer mehr ausgebreitet und die Agitation ist seitdem gänzlich eingeschlafen. In Frankreich sodann hat man vor sechs Jahren eine „surtaxe“ für die Warenhäuser eingeführt, die dreimal höher als die bisherige Gewerbesteuer war; das Louvre-Magazin z. B. hatte von da an statt 261000 Frcs. nicht weniger als 933000 Frcs. Steuer zu bezahlen. Diese progressive Steuer hat aber die Konkurrenz und die Zunahme der Grossbetriebe thatsächlich nicht im geringsten gehemmt. Im Gegenteil haben dieselben ihre Umsätze von Jahr zu Jahr weiter gesteigert. Die französische Regierung selbst hat 1898 ausdrücklich zugestanden, dass trotz der fortwährenden Steigerung der Steuersätze die bezweckte Wirkung, einer Einschränkung der Konkurrenz mit den kleineren Geschäften, weder eingetreten ist noch künftig eintreten dürfte. Eine ähnliche Erfahrung liegt bei uns über die Wanderlagersteuer vor: ihr Erfolg war scheinbar ein durchschlagender. Auf der anderen Seite aber wurden es seit den achtziger Jahren der ansässigen Geschäftsleute immer mehr, die von den „Schundwaren“ übernahmen und die gleiche Reklame für ihre Ausverkäufe anwandten. Die Wanderlagerauktionen kamen allerdings nicht mehr in den Ort herein; dafür aber bekam der Kleinhändler mehrere ansässige Kaufleute in seine heimischen Mauern, die nun Markt und Preise ständig durch Ausverkäufe und Versteigerungen verdarben.

Man kann einwenden: wenn in den Grossstädten mit dem grossen Fremdenverkehr die Sondersteuer nicht zum Ziele führt, sondern umgekehrt die Grossbazare nur zu noch weiterer Ausdehnung ihres Vertriebs veranlasst, so liegt die Sache an den kleineren Plätzen anders. Und in der That mag hier eine starke Besteuerung die Existenzfähigkeit der Warenhäuser einschränken, weil an kleineren Plätzen die Ausdehnung des Kundenkreises, auf den die höhere Steuer überwälzt werden kann, schwerer fällt. Indes besteht gerade für die mittleren Städte wegen der unvermeidlichen Konsequenzen einer Sondersteuer die Gefahr einer Beeinträchtigung ihrer weiteren Entwickelung und Steuerkraft. Schon deshalb werden sich diese mittleren Städte mit der Einführung der Sondersteuer nicht sehr beeilen.

Diese Erfahrung machte man wenigstens in Sachsen, wo die Gemeinden durch Ministerialverordnung vom Mai und September 1897 ermächtigt worden sind, die Grossbetriebe im Detailhandel mit einer Umsatzsteuer bis zu 2 % des Umsatzes zu belegen, wobei die Bestimmung der Grenze, bei welcher die Steuerpflicht beginnen solle, den einzelnen Kommunen überlassen wurde. In Preussen haben die Gemeinden diese Ermächtigung schon seit 1893. Und was ist der Erfolg? Trotz der Aufmunterung von oben und des Hochdrucks der Agitation haben sich in Preussen und Sachsen nur einige wenige — und zwar durchweg kleinere — Gemeinden zu der Einführung dieser Extrasteuer entschliessen können.* Warum gerade diese kleineren Städte und nicht die zunächst betroffenen Grossstädte in der Auflegung der Sondersteuer vorangegangen sind, bildet eine lehrreiche Geschichte für sich. —

Angenommen, aber nicht zugegeben, dass je auch die Konkurrenzfähigkeit mancher Warenhäuser durch eine Sondersteuer eingeschränkt wird, so würde die für den Kleinhandel bestehende allgemeine Konkurrenz selbst noch wenig gemindert. Denn viel gefährlicher und umfassender ist die Konkurrenz der Genossenschaften, der Konsumvereine, der Offiziers- und Beamtenwarenhäuser. Gegen sie aber ist nichts mehr zu erreichen, da die früheren Steuer-Vorrechte abgeschafft sind.**

Schon deshalb müssen wir noch genauer die Frage prüfen: wird auch durch die Sondersteuer die Lebens- und Konkurrenzfähigkeit der sich bedroht fühlenden Firmen gestärkt? Der entscheidende Punkt bei der vorgeschlagenen Sondersteuer ist nicht: wie chikaniert man die Grossbazare? sondern die Frage: was nützt man damit den kleinen Ladengeschäften? Für die Allgemeinheit können nur letztere Massregeln in Frage kommen.

In erster Linie würden von der Steuer auswärtige Grossunternehmungen (Versandgeschäfte) und die kleinere Konkurrenz, die sofort stärker nachwachsen würde, Nutzen ziehen, der Konkurrenzdruck bliebe der gleiche und hätte sich nur auf eine andere Seite verschoben. — Ferner sehen wir den Grossbetrieb, wie in allen Ländern, so auch im Deutschen Reich, unaufhaltsam vordringen. Vor vier Jahren, noch ehe man von der Bedrohung durch die Warenhäuser sprach, konnte man konstatieren, dass sich allein in dem Zeitraume von 1882—95 die Zahl der Betriebe mit über 10 Gehilfen verdoppelt

* An solchen kleineren Plätzen richtet sich die Sondersteuer gewöhnlich nur gegen eine einzelne Firma, so z. B. in Beuthen gegen die Firma Barasch, die vom 1. Januar 1899 ab etwa 10000 Mk. an die dortige Gemeinde jährlich abzuführen hat. Nach allgemeinen Steuergrundsätzen erscheint eine Tendenz-Steuer mit einer derartigen persönlichen Spitze nicht als nachahmenswert.

** Bei diesem Stand der Dinge gab für die Agitation der konzentrierte Angriff gegen die Warenhäuser ein erwünschtes neues Ziel ab.

hat. Es betrug nämlich im Handelsgewerbe in runden Ziffern die Zahl der Betriebe mit

	1882	1895
6—10 Personen	6 900	21 470
11—50 „	5 070	10 020
51—200 „	224	475
201—1000 „	6	35

Welch enorme Ausdehnung der Grossbetrieb im Warenhandel in den letzten zwei Jahrzehnten gewonnen hat, ist noch gar nicht genügend erkannt und gewürdigt worden. Es betrug nämlich die Zahl der Firmen mit mehr als 5 Gehilfen 1882: 9 550, 1895 dagegen (Zahl der Firmen mit über 5 Personen) nicht weniger als 25 600. Ferner betrug speciell die Zahl der Firmen mit über 50 Gehilfen bezw. Personen 136 bezw. 283. Bei den Firmen mit mehr als 5 Gehilfen bezw. Personen waren 1882: 120 700, 1895 dagegen 296 100 Personen thätig, bei den Firmen mit über 50 Gehilfen bezw. Personen stellt sich das Verhältnis 10 700 (1882) und 27 900 (1895).

In dieser Höhenkurve tritt eine so mächtige Entwickelung vor Augen, dass dagegen die wenigen Warenhäuser kaum in Betracht kommen, und dass man eingestehen muss: wir stehen erst am Anfang;* gegen diesen Gang der Entwickelung ist die Regierung machtlos. Gelänge es also je, das Grossmagazinswesen einige Zeit selbst in den Grossstädten zurückzuhalten, wo hierfür die Verhältnisse reif sind, so hätte dies nur die Wirkung, dass es einige Zeit zur Ruhe, zum Stillstand verdammt ist, dann aber sich um so rascher Bahn bricht. „Dann geht es wie mit dem über Gebühr zurückgehaltenen Dampfe; er breitet sich nach kurzer Weile so rasch aus, dass er die Bande völlig sprengt, die ihn widernatürlich zusammenpressen wollten. Praktisch gesprochen: man wird vielleicht die neue Handelsform des Grossmagazinswesens einige Zeit hindurch zurückhalten können, selbst dort, wo an sich die Umstände für dasselbe reif sind, aber nur mit der Wirkung, dass sie sich später, aber dafür um so plötzlicher und unvermittelter Bahn bricht. Nun gerade darin ist aber die grösste Gefahr gelegen. Nicht das

* Beispielsweise meldet sich schon heute in der Entwickelung des Kleinvertriebs eine neue Phase. In manchen Specialitäten nämlich gehen die kapitalstarken Fabrikanten (z. B. die „Geislinger Metallwarenfabrik“ und andere kunstgewerblichen Anstalten), um den zunehmenden Reise- und Verkaufsspesen und anderen Schwierigkeiten zu entgehen, dazu über, Fabrikniederlagen an verschiedenen Plätzen zu errichten.

allmähliche schrittweise Eindringen einer neuen Betriebsform knickt so sehr Existenzen — denn es liegt in der Natur der Sache, dass man sich eben allmählich auf die neuen Verhältnisse einrichten kann und auch wirklich einrichtet — als das plötzliche Vordringen, welches vielen in unerwarteter Weise den Boden entzieht.“ (Mataja, Grossmagazine, 1891, S. 82.)

Nun weiter: wenn man sich auf den Standpunkt der Socialethik stellt, so muss man sich nicht allein den derzeitigen Stand und den einzelnen Mann, sondern auch die künftige Entwickelung und die Berufswahl der jungen Leute, sowie die ganze Klasse vor Augen halten. Wie alle Berufe, so erhebt namentlich der kaufmännische gegen früher ungemein höhere Ansprüche. Früher galt es als selbstverständlich, dass ein Ladengeschäft in der Hand eines berufsmässig vorgebildeten soliden Geschäftsmannes auch prosperieren müsse. Heute muss er beim Einkauf in der Ausstattung und Reklame, im Kreditgeben thatkräftiger und vorsichtiger als früher verfahren. Der Einzelne mag wohl in einem grossen Geschäft als Korrespondent oder Buchhalter oder Disponent oder Lagerist oder Ein- bezw. Verkäufer vortrefflich seinen Posten ausfüllen. Ob er aber in gleicher Weise als selbständiger Geschäftsinhaber all diese Eigenschaften in seiner Person vereinigt, ist heute eine andere Frage. Und wenn das bei ihm nicht der Fall ist, so ist es durchaus nicht selbstverständlich, dass er sich etablieren muss. Wer nicht zugleich kapitalkräftig und ein gediegener Einkäufer und flotter, angenehmer Verkäufer ist, läuft bei der Etablierung Gefahr, sein Geld schnell zuzusetzen. Es ist für ihn, aber auch für den Kaufmannsstand als solchen, viel besser, wenn er sich nicht selbständig macht, wenn er sich bescheidet und als Glied und Mitarbeiter eines grösseren Geschäfts bei seiner, wenn auch subordinierten Thätigkeit bleibt. Er kann dies aber heute auch viel besser als früher. Noch vor wenigen Jahren waren für Detailverkäufer Saläre von 3000 Mk. pro Jahr ein Ereignis, solche unter 1200 Mk. die Regel. Heute kann jeder halbwegs geschulte Verkäufer 1500—1800 Mk. beanspruchen (u. a. ein Beweis dafür, dass unter dem Ansporn der Konkurrenz die Kunst des Ein- und Verkaufens vorangeschritten ist). Diese neuere Wandelung wird von der „Mittelstandspolitik“ nicht beachtet.

Noch einen dritten Punkt, den wir oben schon berührt haben, übersieht die „Mittelstandspolitik“. Wie früher beim Kleingewerbe, so reden auch heute noch die „Socialpolitiker“ immer nur vom

Kleinhandel, als ob er ein geschlossenes Ganzes wäre. Und doch giebt es auch bei ihm, wie beim Kleingewerbe, ganz verschiedenartige Klassen mit auseinandergehenden Interessen.

Wie wir ferner oben hervorgehoben haben, drängen sich in neuerer Zeit in den kaufmännischen Beruf viel mehr und viel schwächere Elemente als früher hinein. Trotz der Überfüllung und trotz der steigenden Konkurrenz der Hausierer, Konsumvereine u. s. w. hat die Zahl der kleineren Detailgeschäfte von 1882 bis 1895 um nicht weniger als 78 %, von 141 000 auf 252 600 zugenommen. Diese Durchschnittsvermehrung ist in den Industriebezirken noch viel intensiver. Dort kommt heute nicht auf 200, sondern auf 50—100 Einwohner ein Ladengeschäft. Die 100 000 Betriebe, um welche in den letzten zwei Jahrzehnten die Konkurrenz im Kleinhandel gewachsen ist, gehören im grossen und ganzen früheren Handwerkern an, die ein bequemeres Leben als bei der erlernten Arbeit beim Ladenhalten erwarten, oder die mit ihrem Handwerk einen Handel verbinden, möge dieser nun in Klempner-, Böttcher-, Schuh-, Glas- oder anderen Waren bestehen. „Zur Werkstatt wird ein Laden hinzu genommen; Betriebskapital ist sehr wenig selten aber genügend vorhanden. Als Helfer in der Not, kommt dann der „K r e d i t", verbunden mit einem Z w i s c h e n h ä n d l e r, der nur zu gern solche „E i n r i c h t u n g e n" macht; hat er doch seine Erfahrungen, dass der erste Lieferant stets zu seinem Gelde kommt." Wie lange dann diese von der Kreditausnützung lebende Unternehmungen ihr Dasein fristen, hängt von der Gnade der Lieferanten — Grossisten, Fabrikanten, Handwerker — ab. Wie die fachmännisch gebildeten Detaillisten selbst einsehen, ist diese schwache und zersplitterte Konkurrenz hier wie überall ein Krebsschaden; manchen Zweigen des Detailhandels schadet die enorme Zunahme der Zwergbetriebe, die Überfüllung mit leistungsunfähigen Existenzen noch mehr als der Druck von oben, der vom Grossbetrieb ausgeht. Es fragt sich demgemäss: w e l c h e n Angehörigen des sogen. „Mittelstandes" möchte die Socialpolitik den staatlichen Schutz zuwenden? will sie auch der darin vertretenen technischen und finanziellen Unfähigkeit einen berechtigten Anspruch auf die gesetzliche Beschränkung der Konkurrenten zuerkennen?

Diese Frage hat bis heute die Socialethik überhaupt noch nicht erörtert. Schon deshalb erweist sie sich hier, wie auf manchen anderen Gebieten, als ein Berater von zweifelhafter Güte. Die Frage führt aber auf einen unlösbaren Widerspruch, in dem sich die „Mittelstandspolitik“ befindet: sie möchte nämlich zugleich sowohl „Social“- als „Klassen-Politik“ treiben. Vom Standpunkt der Socialpolitik aus nämlich muss man zugeben, dass gerade die „Kleinen“ den berechtigtsten Anspruch auf staatlichen Schutz haben. Auf der anderen Seite erzeugt dieses Anwachsen der kleinen Konkurrenz für den Kaufmannsstand als solchen den stetigen Rückgang. Wird staatlicherseits das grosskapitalistische Reklame- und Unterbietungssystem beschränkt, so wird der mit der kleinen Konkurrenz verknüpfte Rückgangsprozess beschleunigt. Wer also dem Mittelstand effektive Hilfe bringen will, der muss die Socialpolitik und die Rücksicht auf die „Kleinen“ beiseite lassen. Diejenigen Detaillisten, die am meisten bedrängt sind und am lautesten nach staatlichem Schutz rufen, sind gar keine Kaufleute im strengen Sinne, d. h. berufsmässig vorgebildete Vollkaufleute mit der erforderlichen Warenkunde, mit einregistrierter Firma, mit der Fähigkeit zu kaufmännischer Kalkulation und Buchführung. Der staatliche Schutz, den diese Bedrängten verlangen, könnte nur in Einführung des Befähigungsnachweises bestehen und diesen Nachweis wären manche Rufer im Streit nicht im stande zu liefern. Sie wären aber auch nicht im stande, den Nachweis darüber zu führen, weshalb gerade sie einen besonderen Rechtsanspruch auf Sicherung ihres Auskommens auf Kosten anderer Konkurrenten haben sollen.

Soll der Kaufmannsstand als solcher gesunden, so scheint fast nur der „Mittelstand“, d. h. die zwischen dem Gross- und Kleinbetrieb stehende Klasse, als schutzberechtigt. Manche verlangen denn auch folgerichtig: mit Rücksicht auf den ganzen Stand solle der solide Kaufmann geschützt werden, der sonst, wenn er auf Ehre und Charakter hält, nicht mehr mitmachen kann; es soll der Detaillistenstand von den „unlauteren Elementen gesäubert“ werden. Dieser Motivierung liegt eine Anschauung zu Grunde, die wir unten in der Anlage näher beleuchten. Hier weisen wir nur auf die weittragenden Konsequenzen hin. Denn was als ein unlauteres Element anzusehen und wie es abzustossen ist, darüber sind die Meinungen sehr geteilt.* Wer die Illoyalität im Kleinhandel bannen will, der

* Als Mittel schlägt z. B. die „Kreuzzeitung“ vom April 1898 vor: „An Stelle der anarchischen Zustände, die die schrankenlose Gewerbefreiheit erzeugt, muss die feste Organisation der geordneten Berufsstände treten. Dann, aber auch erst dann wird es möglich sein, den einzelnen Faktoren des öffentlichen Lebens auf dem wirtschaftlichen Gebiet ihren gesamten Wirkungskreis vorzuzeichnen (!) und die verschiedenen Elemente in ein richtiges (!) Verhältnis zu einander

muss ihrer Wurzel, nämlich der Lehrlingszüchterei, dem zu weitgehenden Kreditieren und den kleinen Existenzen zu Leib gehen, der muss im stande sein, den ganzen Geschäftsverkehr und die seit zwei Jahrzehnten massgebende Socialpolitik auf den Kopf zu stellen. Die Konsequenz kehrt ihre Spitze vor allem gegen die Konkurrenzfreiheit, die bisher manche davon abhielt, sich dem Kleinvertrieb überhaupt oder zu lange, zum Schaden des Ganzen zu widmen. Wohl wird der in der freien Konkurrenz liegende Ansporn und Druck vom einzelnen immer lästig empfunden werden. Aber eine künstliche Milderung dieses Drucks würde nicht nur rasch wieder durch die neu hinzuwachsende kleine Konkurrenz ausgeglichen, sondern auch dadurch illusorisch gemacht, dass die Konsumenten und Produzenten direkt miteinander, unter Ausschaltung der Zwischenhand, in Verkehr treten würden. Wegen dieser beiden Momente, des enormen Zudrangs zum Detailgeschäft und des Strebens der Kundschaft und der Fabrikanten, sich von der Vermittelung loszuringen, ist der Kleinvertrieb noch schlimmer daran, als das Kleingewerbe, und eine radikale Besserung der Lage, wie sie von agitatorischer Seite verheissen wird, überhaupt nicht möglich. —

Unbeschadet dessen hat der Kleinbetrieb verschiedene blühende Zweige. Aber er muss sie klar erkennen, seine Zeit verstehen und nicht falschen Zielen nachjagen. Das Beste ist, dass die Riesenmagazine ebenso wie die Warenhäuser in Paris, NewYork, Philadelphia nicht unüberwindlich sind. Wie in England, wird man auch bei uns noch die Erfahrung machen, dass den Warenhäusern ganz bestimmte Grenzen dadurch gesteckt sind, dass für eine weitere Ausdehnung sowohl die Warenkunde, als das Betriebskapital — fast alle sind ja auf fremdes Geld angewiesen — nicht zureicht. Auch hier ist dafür gesorgt, dass die Bäume nicht in den Himmel wachsen. Die eng-

---

zu bringen.“ Danach soll jedem Detaillisten wieder, wie früher, vorgeschrieben werden, welche Waren und in welchen Mengen er sie führen darf und woher er sie beziehen muss. Aber auch damit wäre die Unlauterkeit noch nicht gebannt. Auf der Generalversammlung des Mecklenburgischen Handelsvereins vom 31. Juli 1893 führte der Referent aus: „Die Notlage des Detailgeschäftes ist nicht allein auf äussere Einflüsse zurückzuführen. Nein, meine Herren, unsere gefährlichsten Widersacher finden wir in unserem Stande selbst. Zum grossen Teil haben wir uns unsere Bedrücker von aussen durch eigene Schuld gross gezogen. Durch überreichliche und schlechte Erziehung der Lehrlinge haben wir Existenzen geschaffen, die . . . fortwährend neu auftauchen, allerdings oft bald wieder verschwinden, aber stetig das Ansehen des Handelsstandes untergraben und dem weiteren Verfall entgegenführen.“

lischen „stores“ wenigstens wurden mit den gleichen Waffen, die ihnen sonst ein Übergewicht verschafft (geschickte Reklame und Specialisierung, billiger Einkauf, Bevorzugung der couranten Artikel, Massenumsatz), auf verschiedenen Gebieten aus dem Felde geschlagen. Vom Detailgeschäft im kleinen gilt, was vom internationalen Wettbewerb im grossen: In dem Konkurrenzkampf der Handelsnationen auf dem Weltmarkt galt früher als einziges „Rettungsmittel“, dass man durch einen Krieg die Marine und den Handel des konkurrierenden Volkes vernichte. Heute hat man gelernt, dass es kluger und praktischer ist, die Methode zu erforschen, vermöge deren die Konkurrenten den Vorsprung erreichten, und die Wege der Nachbarn zu gehen.

Leitsätze.

1) Eine Forderung der Billigkeit und Gerechtigkeit ist die der wirtschaftlichen Bedeutung und Leistungsfähigkeit der Handelsbetriebe entsprechende Gestaltung der gewerblichen Besteuerung. Nach diesem Grundsatz ist jede steuerliche Begünstigung der grosskapitalistischen Betriebe, auch der in Gestalt von Genossenschaften bestehenden, aufzuheben.

2) Gegenüber dem Verlangen nach einer weitergehenden Hilfe seitens der Regierung bildet die Hauptfrage, um die es sich handelt, die des voraussichtlichen Erfolgs und der Ausführbarkeit.

In gewerbepolizeilicher Beziehung kann nur die Einschränkung des unlauteren Wettbewerbs und der Überlastung des jugendlichen Arbeiterpersonals in Betracht kommen, so wie dies generell schon in dem Reichsgesetz vom 27. Mai 1896 und der Novelle vom März 1899 vorgesehen ist. Damit jedoch kann eine wesentliche Milderung des Konkurrenzdrucks nicht erbracht werden.

So kommt nur eine Sondersteuer in Frage und zwar in Gestalt einer Gemeindesteuer.

3) Grundsätzlich darf für Art und Höhe der Sonderbesteuerung jedenfalls die Persönlichkeit des Unternehmers nicht massgebend sein. Ebenso ist eine Ausnahmssteuer lediglich für die Grossmagazine (oder für die Konsumvereine) ausgeschlossen. Die Progressivsteuer muss sich vielmehr konsequent auf alle Grossbetriebe erstrecken.

Hier die richtige Grenze zu ziehen und feste Merkmale für das als illoyal angesehene Vertriebssystem durch eine Begriffsbestimmung der Warenhäuser, die andere legitime Geschäfte nicht schädigt, aufzustellen, wird seit Jahren ohne Erfolg versucht. Und diese formelle Schwierigkeit der zutreffenden, jeden Zweifel und jede Willkür ausschliessenden Abgrenzung liegt darin, dass sich der ganze

Detailvertrieb im Fluss und in einer fortschreitenden Entwickelung befindet, von der das Ende noch nicht abgesehen werden kann, und dass ferner das, was bekämpft wird, eine Methode des intensiveren Vertriebs ist, die in anderer Gestalt wieder erscheint, wenn sie je in der einen Form unterdrückt werden sollte.

So wenig wie auf andern Gebieten, kann sich Regierung und Gesetzgebung der genannten internationalen, allen Ländern gemeinsamen Entwickelung und dem Voranschreiten des genannten Verkaufssystems auf die Dauer mit Aussicht auf Erfolg entgegenstemmen.

Anhang.

1. Die verschiedenartigen Bedrängnisse des Kleinhandels.

Schon 1893 haben wir die Frage der Zweckmässigkeit der Selbst- und Staatshilfe für den Kleinkaufmann zu vertiefen und allseitiger zu erfassen versucht, indem wir die soeben gewürdigten allgemeinen Bedrängnisse des Kleinhandels näher darlegten.

Wir führten damals aus:

Für unsere bisherige Stellungnahme ist seit Jahrzehnten der leitende Gesichtspunkt: Schon in Anbetracht der ungünstigen Lage des Detailgeschäfts treten wir jederzeit für die gerechte Ausgleichung steuerlicher Ungleichheiten, wo etwa solche sich zeigen werden, ein; Sonne und Wind sollen auf dem Boden des gewerblichen Wettbewerbs gleich verteilt sein.

Ebenso treten wir von jeher für ein gewerbepolizeiliches Einschreiten gegen die sogen. Auswüchse der Konkurrenzfreiheit, d. h. gegen unreelle Täuschungen des Publikums oder gegen illoyale Konkurrenz- und Reklamemittel ein. Anderseits können wir Tendenzgesetze gegen die Gewerbefreiheit, weil in ihnen ein erfolgreiches Mittel zur Beseitigung der beklagenswerten Krise nicht liegt, nicht befürworten. Dem Hausierhandel gegenüber hat, wie vorauszusehen, die Erhöhung der Hausiersteuer vor Jahren keine oder kaum bemerkbare Abhilfe erbracht (genauer kann es sich bei dem Entwickelungsprozess nur um Milderung des Übergangszustandes handeln). Mehr als je klagen besonders die Ellenwaren-, Manufaktur- und Konfektionsgeschäfte: Der Hausierhandel, wird berichtet, nehme „erschrecklich überhand". Diese Beobachtung ist an sich nicht genau; denn schaut man lediglich auf die Zahl der Hausierer, so sieht man, dass dieselbe in den letzten Jahren um etwa 25 % abgenommen hat; für das Ladengeschäft jedoch kommt nicht das Herumziehen, sondern das Konkurrieren und die Intensität der Konkurrenz in Betracht. Und in dieser Beziehung, die allerdings durch eine Zahlenstatistik nie erfasst werden kann, gilt: die Konkurrenz ist, trotz der Abnahme der Zahl, vielleicht sogar infolge dieser Abnahme, heftiger, d. h. intensiver geworden in denjenigen Artikeln, auf deren Verkauf das Ladengeschäft angewiesen ist; insbesondere nimmt das Grosshausieren, der Grossbetrieb mit Gehilfen überhand.

„Die in dieser Art wachsende Konkurrenz zwinge," wird uns geschrieben, „auch denjenigen, der sich bisher absolut nicht hierzu verstehen konnte, mitzumachen, herumreisen zu lassen oder von dem „geringeren Zeug" zu führen. Die Geschäfte, die sich gegen einen derartigen Betrieb immer noch sträuben, seien übel daran. Dadurch werde der ganze Handel ungesunder und entstünden auch grössere Auslagen. Auf der anderen Seite könne der Detailleur für seine — gegenwärtig so wenig kaufkräftige — Kundschaft nicht etwa ein kleines Lager halten, sondern er müsse, da dieselbe immer noch anspruchsvoller werde, mehr Auswahl bieten als je."

Was die Klagen über die neuere Konkurrenz des Detailgeschäfts, namentlich über die der Detailreisenden und Konsumvereine betrifft, so ist die Vorfrage die, ob die Gesetzgebung und die Gewerbepolizei auch im stande ist, eine nachhaltige Abhilfe zu erbringen.

Überschaut man die neuere Entwickelung des gesamten Verkehrs, des Kapitals, des Grossbetriebs und des Zwischenhandels in den letzten Jahrzehnten, so erkennt man, dass die heutige Unzufriedenheit des Kleinhandels nicht nur in der Hausiererkonkurrenz begründet ist, sondern Dutzende von Ursachen hat und dass es das Zusammenwirken der verschiedenartigen Umwälzungen ist, welche den Kleinhandel, wie den Kleinbetrieb überhaupt in eine Krise gebracht hat. Die verschiedenen Ursachen zeigen sich zunächst in der Vermehrung der Zahl der Konkurrenten, aber daneben auch in der Umwandlung des ganzen Konsums und der Vertriebsweise. Jeder Geschäftsmann wird bedauern, dass der erstere Faktor, die Vervielfachung der Zahl der kleinen Konkurrenten, die Rentabilität des ortsansässigen Geschäfts namhaft gemindert hat; wir bedauern dies um so mehr, als diese Schädigung eines wertvollen Bestandteiles des Mittelstandes — weil eine blosse Vervielfachung der Zahl der kleinen Konkurrenz nie eine Erhöhung der Leistung bedingt — dem allgemeinen Konsum, abgesehen von der Annehmlichkeit einer leichteren und entgegenkommenderen Bedienung, nichts genützt hat. Aber schon dieser eine Faktor setzt sich nicht nur aus der übermässig hohen Hausiererzahl, sondern auch aus der der Detaillistenzahl selbst zusammen. Mindert man nun noch die Konkurrenz der Hausierer, so kommt dies sofort auf der andern Seite in der Vermehrung der neuetablierten Detailgeschäfte zu Tage; gerade der dem Kleinkaufmann gefährlichere Teil der Hausierer würde sich zu Gründung eines stabilen Ladengeschäfts veranlasst sehen. Wollte also die Regierung die Konkurrenz gegen die bestehenden Geschäfte erfolgreich einschränken, so müsste sie auch die Konzessionierung der Neuetablierungen, eine Art Monopol für die schon bestehenden Geschäfte und den Befähigungsnachweis einführen: müssen doch eben jetzt die österreichischen Handelskammern darüber beraten, ob auch vor dem Antritte von Handelsgewerben ein Befähigungsnachweis wieder gefordert werden soll.

Nun würde das noch lange nicht ausreichen; denn die intensivere Konkurrenz äussert sich auch in der veränderten Vertriebsweise, in der Umgestaltung und Verschärfung der Konkurrenz, wie sie durch die Überhandnahme des direkten Verkaufs seitens der Importeure und Fabrikanten an die Konsumenten, durch die Ausverkäufe, die wirklichen oder fingierten Notverkäufe, Bazars, bons marchés, Abzahlungsgeschäfte u. s. w. herbeigeführt worden ist. Da zudem manche dieser Konkurrenzmittel wohl hie und da illoyal sind, so müsste die Regierung auch Reglements für die neuere Vertriebsweise wieder einführen. Aber augenscheinlich sind auf die Dauer alle die berührten Massregeln heute nicht mehr durchführbar.

Ausserdem finden sich die weiteren Ursachen nicht nur in der Art der Konkurrenz, sondern in den allgemeinen Verkehrsumwälzungen der letzten Jahre. Sie haben über den ganzen Zwischenhandel ein Übergangsstadium, und speciell auch für die distributiven Gewerbe das Eindringen des Grossbetriebs erbracht.* Ein Hauptschaden ferner für die Landgeschäfte ist die Erleichterung des Personen- und Güterverkehrs durch die Eisenbahn, die Ausdehnung der Postvermittelung auf die 5 Kilo-Pakete und das gesamte Reklame-

* Derselbe wird nicht nur durch die Detailgeschäfte mit grossem Lager und reicher Auswahl repräsentiert, welche auch Artikel, wie Schuhe, Wäsche Konfektion, Möbel u. s. w. führen, die man früher nach Mass und Bestellung kaufte, sondern er macht sich auch bemerkbar z. B. in der Form der grossen Versandgeschäfte, der zunehmenden Anziehungskraft der grossstädtischen, reicher assortierten Ladengeschäfte, und der Errichtung von Filialen seitens kapitalkräftiger Firmen.

wesen, die Erweiterung des Kundenrayons für die Grossstädte (beim Detailreisen auch die neuere Ausdehnung der Kreditgewährung).

Eine andere Folge der Vervollkommnung des Verkehrs liegt in der Steigerung der Hausiererzahl, wie sie sich in den letzten Jahrzehnten infolge der Mobilisierung der bäuerlichen Bevölkerung und der sogen. „Landflucht“ vollzogen hat. Der Kleinbauernbetrieb rentiert bei der steigenden Verschuldung und Parzellierung, auch seit den vielen Fehljahren für den Weinbau immer weniger, er beschäftigt die Arbeitskraft nicht mehr so genügend und nicht mehr so lohnend, dass der Ertrag den in Beziehung auf Schule, Kleidung und die allgemeine Lebenshaltung immer höher gesteigerten Ansprüchen genügen könnte: in den 50er Jahren wären die unter diesem Missverhältnisse Leidenden ausgewandert, heute bleiben sie im Lande und gehen nur „auf die Wanderschaft“ und zwar als Hausierer. Ist diese Annahme richtig, so hätten wir eine sociale Umwandlung vor uns, gegen welche die Gewerbepolizei unmächtig ist.

Der Ursachen also für die missliche Krise, unter welcher der Kleinhandel seit mehreren Jahrzehnten steht, giebt es viele; die immer vorangestellte Hausiererkonkurrenz ist nicht die einzige Ursache, ja nicht einmal die hauptsächliche. Ausser ihr giebt es noch verschiedene andere Quellen des Übels, deren Verstopfung eine Menge polizeilicher Eingriffe erheischen würde. Von all den vorgeschlagenen Massregeln aber wäre heute nur eine einzige, nämlich die Unterdrückung der kleinen Konkurrenten, d. h. der Wandergewerbe, durchführbar, welche noch dazu die Lage des Kleinhandels nicht einmal wesentlich bessern würde. Denn die beiden andern Hauptursachen des Übels, die Standesüberfüllung und das Vordringen des konzentrierten Grossbetriebs würden im Falle der Annahme des empfohlenen Universalmittels und einer wirksamen Eindämmung des Hausierbetriebs, anstatt gemindert, nur noch verstärkt.

Seitdem Dampf und Elektricität der Gütererzeugung, dem Handel und dem Verkehr dienstbar gemacht wurden, erlitt und erleidet die gewerbliche Produktion eine Umwandlung, die noch nicht abgeschlossen ist. Ein solcher Umwandlungsprozess bedingt namentlich für den wirtschaftlich Schwächeren schwere Prüfungen und Leiden. Dieselben machen einen wesentlichen Teil der heutigen socialen Frage aus: die Stellung gegenüber den Hausierern und Konsumvereinen richtet sich nach der allgemeinen Kontroverse, welche seit Jahrzehnten die Gemüter erregt, ob nämlich die staatliche Gesetzgebung im stande ist, die Übergangsleiden zu lindern und die sociale Frage befriedigend zu lösen. Der Leidende wird immer dazu geneigt sein, sofortige Hilfe von oben, in diesem Falle vom Staate, anstatt von der eigenen Kraft und der eigenen, langsam reifenden Arbeit zu erwarten. Indessen liegt die Quelle der Unzufriedenheit im ganzen Gange der wirtschaftlichen Entwickelung; in ihn kann die Regierung nicht eingreifen, ohne eine Reihe anderer Interessen gegen sich zu haben, die sich gegenseitig lähmen und bekämpfen, und damit schon die Möglichkeit der ersten Einführung sehr in Frage stellen. Diese Ausführungsmöglichkeit ist, wie bei der ganzen socialen Frage, ebenso entscheidend, als die ganze Reihe prinzipaler Gesichtspunkte. Selbst da, wo die Gesetzgebung nur die sogen. „Auswüchse" des Handels beseitigen will, ist dies nicht möglich, ohne in das gesunde Fleisch, d. h. in den organisch zusammenhängenden Gesamtverkehr zu schneiden. Ein Rückblick auf den nun hundertjährigen Umwandlungsprozess und seine Rückwirkung auf die Anschauungen der Gewerbetreibenden zeigt uns, dass überall und immer, wo die Gewerbefreiheit herrschte, gewerbegesetzliche Beschränkungen verlangt, und dort, wo die Gewerbefreiheit fehlte, immer wieder die Gewerbefreiheit verlangt und ersehnt wurde. Förderung, Hilfe und Rettung werden also nach völlig entgegengesetzten Richtungen gesucht. Es ist aber in den letzten Jahrzehnten der geschichtliche Beweis erbracht, dass weder Gewerbefreiheit noch gesetzliche Beschränkung im stande ist, den Gewerbetreibenden zu helfen. Und das ist natürlich. Gewerbegesetze sind vorwiegend polizeiliche Bestimmungen, die machtlos sind gegenüber den Kräften des Wirtschaftslebens.

Zudem darf man bei der Frage nach der möglichen Abhilfe, nicht die allgemein wirtschaftlichen Faktoren übersehen, wegen deren überhaupt das ganze Erwerbsleben in einem unbehaglichen Übergangsstadium sich befindet: dazu gehört z. B. die allgemeine Erscheinung der Schmälerung des Unternehmerverdienstes und die des ständigen Preisrückgangs, ferner die geminderte Kauffähigkeit der landwirtschaftlichen Bevölkerung und die bei der allzugrossen Zahl der konkurrierenden Geschäfte forterhaltene Borgwirtschaft.

Nicht nur der Detailhandel allein ist es, der Grund zur Unzufriedenheit hat. Schon länger als der Detailhandel klagt das Kleingewerbe; seit mehr als einem Jahrzehnt befindet sich auch die Grossindustrie infolge des ständigen Preisrückgangs in einer latenten Krise; dass die Landwirtschaft noch unzufriedener ist, ist bekannt, kurz das gesamte Erwerbsleben — nicht nur in Deutschland, sondern auf dem ganzen Kontinent — befindet sich in einem Übergangsstadium; aus welchen Kreisen aber soll die Regierung die Mittel hernehmen, um den andern zu helfen?

Nach all dem ist selbst das Deutsche Reich nicht mächtig genug, um die fortschreitende Entwickelung der Eisenbahn und der Post zurückzuschrauben; so wenig die Reichsregierung dem Kleingewerbe gegen die Konkurrenz des Grossbetriebs, der Maschinen- und Massenfabrikation aufhelfen kann, so wenig vermag sie dies dem Kleinhandel gegenüber.

All die beklagten Missstände stellen den nun einmal unvermeidlichen Kaufpreis dar für die neuzeitlichen Fortschritte der Produktion und des Verkehrs: niemand, am allerwenigsten der Kaufmannsstand, möchte sie missen; so muss man eben auch die Unbequemlichkeiten und die Opfer dafür hinnehmen, die durch den Übergang einem jeden Stand auferlegt worden sind, die aber, wie z. B. auch bei der Eisenbahn, immer wieder und überall auf anderer Seite einen Ausgleich finden.

Damit aber ist durchaus nicht gesagt, als ob nunmehr, wie tendenziös behauptet wird, der Kleinhandel unrettbar dem Untergang verfallen sei. Das direkte Gegenteil beweist ja schon die enorme Zunahme, welche die Detailgeschäfte, trotz aller Konkurrenz, in den letzten Jahrzehnten erfahren haben.

Die jahrzehntelange Agitation des Detailgeschäfts hat viele Ähnlichkeit mit derjenigen des Kleingewerbes; die letztere hat für

---

* Heute schon werden alle grösseren und kostspieligeren Bedarfsartikel aus der benachbarten Grossstadt bezogen, „weil die Auswahl grösser ist“: nach der ganzen bisherigen Entwickelung des Verkehrs nun muss man darüber klar sein, dass die Anziehungskraft der Grossstadt, das Detailreisen, die Konkurrenz der Konsumvereine nicht abnehmen wird; gemäss dem gleichen, fast naturgesetzlichen Entwickelungsgang wird ebenso der Grossbetrieb — wenngleich auch ihm für die kleineren Orte, für gewisse Artikel und für gewisse Kundschaftskreise schon seine naturgemässen Grenzen gezogen sind — künftig in fortschreitender Weise sein Hilfspersonal und seine Filialen zunächst in den grossen Städten vermehren und seinen Einfluss auf die kleineren Orte durch Vermittelung der Postsendungen, Preislisten, Prospekte, Reisenden, Agenten, später wohl auch durch temporäre Lager ausdehnen. Es fragt sich aber, ob derjenige es mit dem Detailhandel besser meint, der diese von allen Sachverständigen anerkannte Entwickelung verneint, oder derjenige, welcher Klarheit darüber giebt, um die bestehenden Geschäfte zur Anpassung an die veränderten Verkehrs- und Produktionsverhältnisse anzutreiben und die junge Generation zu bestimmen, in ihrem Lebensplan von vornherein dieser in Aussicht stehenden Entwickelung Rechnung zu tragen.

die Innungen in Norddeutschland und noch mehr in Österreich viel erreicht; aber würde die gleiche Mühe und Anstrengung anstatt auf die laute Agitation (die eine billige Popularität erbringt), auf die positive Arbeit im stillen, auf die Hebung der Association und der Fachschulen verwendet werden, das Handwerk hätte sicher mehr davon gehabt. Nachhaltig geholfen haben alle die gesetzgeberischen Konzessionen dem Handwerk nichts; die allgemeine Unzufriedenheit wurde nicht gehoben, sondern nur von Jahr zu Jahr durch die Agitation gesteigert. Positive Erfolge können Vereine hier wie dort nur erreichen, wenn sie — neben der Betreibung des polizeilichen und steuerlichen Schutzes — auch darüber belehren, dass die neuzeitlichen Umwälzungen dem Kleinbetriebe auch neue Chancen und frische Impulse geboten haben: wer aber dieselben ausnützen will, darf sich hier wie in allen andern Geschäftszweigen nicht mit der bisher hergebrachten Umtriebsweise begnügen.

2. Die systematische Preisunterbietung.

Der Kampf gegen die Auswüchse und die socialpolitische Fürsorge für den Mittelstand lassen sich unter einem oberen Gesichtspunkt vereinen. Die Socialethik nämlich könnte gerade bei der Vertriebsmethode einsetzen. Was nämlich der Agitation, wenigstens, beim grossen Publikum den Boden vorbereitet, das ist die instinktive Abneigung gegen den „Wettbewerb nach unten“ oder gegen die rücksichtslose Konkurrenz, die auch vor dem Ruin anderer nicht zurückscheut. Dieses Unterbietungssystem ist zwar auch bei uns schon lange bekannt, die Geschichte der siebziger Jahre z. B. oder der Kartelle weist manche Beispiele hierfür auf. Aber allgemein eingeführt war diese Vertriebsmethode bis vor zwei Jahrzehnten nur in den Vereinigten Staaten. Nun haben die Warenhäuser dieses Unterbietungssystem (und eine übertriebene — „unreelle“ — Reklame) geradezu als eine der Grundlagen ihres Geschäfts ausersehen. Und deshalb ist, wer gegen sie auftritt, des Beifalls der Menge sicher.

Aber die Agitation sollte sich richtiger nicht gegen den Namen „Warenhaus“, sondern gegen die Art und Weise des Vertriebs richten; in ihr, nicht im Namen liegt die Gefahr. Geht man tiefer auf den Grund, so handelt es sich nicht um die wenigen Vertreter dieser Art von Konkurrenz, sondern um das System des Unterbietens selbst. Kann nun dieses System staatlicherseits für alle Kaufleute und Fabrikanten, nicht etwa nur für die Warenhäuser eingeschränkt werden? das ist der Kern des Streites.

Wir müssen dabei zwischen Moral und dem formalen Recht unterscheiden. Seit Jahrtausenden* streitet man sich darüber: Ist es moralisch erlaubt, andere unterzubieten? und Waren zu Reklamezwecken zu herabgesetzten Preisen oder unter dem Selbstkostenpreis feilzubieten? Schon der Talmud liess die Frage unentschieden, weil nicht allein das Interesse der Händler massgebend ist. Eine generelle Entscheidung ist auch, weil es immer wieder auf den Einzelfall ankommt, überhaupt unmöglich.

Im Januar 1899 behandelte das englische Fachblatt „Warehouseman and Draper" diese Streitfrage; es erklärte das Unterbieten als unmoralisch, und zwar den ehrlichen Konkurrenten gegenüber.

Am schärfsten wohl hat der englische Nationalökonom John Ruskin den moralischen Gesichtspunkt („A Joy for ever" S. 122) hervorgehoben. Wie schon früher Riehl, so unterscheidet Ruskin zwischen dem skrupellosen und brutalen, das „Leben untergrabenden" Profithunger und der „lebenbringenden Arbeit". Er sagt: „Ist es nicht sonderbar, dass wir, während wir uns in innerster Seele schämen würden, eine körperliche Überlegenheit zu gebrauchen, um unsere schwächeren Mitmenschen von einem vorteilhaften Platze wegzudrängen, nicht das geringste Bedenken tragen würden, unsere geistige Überlegenheit zu benützen, um dem Mitmenschen alles Gute zu entreissen, was jene Geistestärke ihm entreissen kann. Es würde euch empören, einen starken Menschen in ein Theater oder in einen Hörsaal eintreten zu sehen, der sich ruhig den besten Platz auswählte, seinen schwachen Nachbar beim Kragen nähme und ihn auf einen Sitz weiter hinten oder auf die Strasse würfe. Es würde euch ebenso empören, zu sehen, wie sich ein dicker Kerl an eine Tafel drängt, wo man hungrigen Kindern zu essen giebt, und er seinen Arm über ihre Köpfe streckte, um ihr Brot wegzunehmen.

* Schon Luther weiss in seinem Sermon von „Kaufhandlung und Wucher" von gewissen Grosskaufleuten zu erzählen, die „steigern und niedrigen nach ihrem Gefallen, und drücken und verderben die geringeren Kaufleute, gleichwie die Hechte die kleinen Fische im Wasser, gleich als wären sie Herren über Gottes Kreatur und frei von allem Gesetz des Glaubens und der Liebe". — Sogar schon der Talmud hatte, wie Professor M. Lazarus in der „Deutschen Revue" vom August 1898 mitteilt, die Streitfrage über das Anlocken von Kunden und speciell das Feilbieten von Waren zu herabgesetzten Preisen zu behandeln. Von seinen Autoren begünstigen die einen das Interesse der Produzenten und der Händler und tadeln die Anlockung von Kunden durch Schleuderpreise; die anderen aber stehen auf seiten der Konsumenten und rühmen denjenigen, der dem Volke die Befriedigung seiner Bedürfnisse um geringen Preis gewährt.

Aber es empört euch nicht im geringsten, wenn ein Mensch derb denkt und schnell begreift und statt nur langarmig zu sein, die grössere Gabe hat, schlauköpfig zu sein. Es dünkt euch ganz gerecht, dass er seinen Verstand gebraucht, um aus dem Munde eines jeden anderen Menschen in der Stadt, der ein gleiches Geschäft wie er treibt, das Brot zu nehmen; oder seinen Gesichtskreis, soweit er reicht, benützt, um einen gewissen Handelszweig seines Landes in ein grosses Spinnengewebe zusammenzuziehen, worin er selber die Centralspinne ist, unter deren Spitzklauen jedes Fädchen bebt, vor deren Spitzaugen jeder Zugang beherrscht wird. Ihr seht dies als keine Ungerechtigkeit an. Denkt ihr, dass die Geltendmachung von Gewalt und Macht weniger ungerecht ist, wenn sie sich zur Gewalt des Kopfes statt der der Faust umgestaltet hat? Sollen wir einen Vorteil, wiewohl wir ihn aus der Schwachheit eines Kindes oder einer Frau nicht ziehen mögen, aus der Thorheit eines Menschen ziehen dürfen?"

Das liest sich ganz hübsch. Prüft man aber diese idealen Gedanken näher, so ergiebt sich der Unterschied zwischen einem zarteren individuellen Pflichtbewusstsein und einem für die grosse Masse bestimmten Zwangsgesetz. Schon die Moraltheologen werden Ruskin nicht ohne weiteres rechtgeben. Wenn es z. B. unmoralisch ist, einem anderen auf Tod und Leben Konkurrenz zu machen, so ist es auch von seiten des Käufers unmoralisch, von dieser Notlage des andern Gebrauch zu machen und die offerierten herabgesetzten Preise anzunehmen. Dann ist z. B. der Staat, der eine solche wucherliche Ausbeutung des Konkurrenzdrucks in Gestalt des Submissionswesens systematisch betreibt, die unmoralischste Person, die es giebt. Dann würden z. B. auch alle Gotteshäuser, die in den letzten Jahrzehnten errichtet worden sind, auf Wucher aufgebaut sein, da auch bei ihren Arbeiten das Submissionssystem angewandt worden ist.

Nun handelt es sich aber hier nicht um Theologie und Kanzel, sondern um die Frage: kann der Gesetzgeber allgemein für alle Kaufleute und Fabrikanten die Freiheit des Unterbietens und Konkurrierens mit Erfolg unterbinden?

Der „Manufakturist" vom 20. Februar 1899 meinte: „Wenn zwei Kaufleute denselben Artikel zu gleichen Preisen gekauft haben, und nun der eine in der Absicht, dem anderen das Geschäft zu verderben, diesen Artikel zu oder unter dem Einkaufspreise verkauft, so liegt ein Verstoss gegen die guten Sitten vor und § 826 B.G. ist anwendbar. Dieser § 826 lautet: „Wer in einer gegen die guten

Sitten verstossenden Weise einem anderen vorsätzlich Schaden zufügt, ist dem anderen zum Ersatze des Schadens verpflichtet“

Wäre das richtig, so wäre derjenige, der z. B. einen unvorsichtigen Einkauf reparieren will, schlimm daran; alle seine Konkurrenten, die von ihm doch das Schlimmste, d. h. die Absicht, sie zu schädigen, voraussetzen, könnten ihn auf Schadensersatz belangen! Der „Manufakturist“ hat bei seiner Aufstellung nicht erwähnt, dass die Konkurrenten den Beweis für die Schädigungsabsicht und für den direkten Zusammenhang zwischen ihrem Schaden und dem billigen Feilbieten und für die Berechnung dieses Schadens — der in der Regel nur entgehender Gewinn sein wird — zu erbringen hätten. Und ein solcher Beweis wird eben nie gelingen. Auch treffen die thatsächlichen Voraussetzungen des konstruierten Falles — Kenntnis von dem Einkaufspreis des Konkurrenten und Verkauf lediglich in der Absicht, ihm das Geschäft zu verderben — so selten zu, dass damit für Treu und Glauben im Handelsverkehr noch wenig gewonnen wäre. Sodann giebt es eine Konkurrenz nicht nur in der Preisstellung, sondern auch in Bedienung und Lieferung. Es kann einer die gleichen Preise verlangen und doch einen grösseren Zulauf haben, weil er z. B. mehr kreditiert oder Geschenke an das Personal verteilt. Soll dem Konkurrenten auch in diesem Falle eine Ersatzklage zustehen?

Wir sehen, die civilrechtliche Klage würde zu einer unentwirrbaren Kasuistik führen. Noch viel mehr wäre das bei einem gewerbepolizeilichen Zwang der Fall: der Gesetzgeber müsste sofort so viele Ausnahmen* zugestehen, dass sie zur Regel würden. „Moraliser le commerce“, die Versuche hierzu sind Jahrhunderte alt; ihr Ergebnis sollte wohl endlich von der Nachahmung abschrecken.

* Es ist selbstverständlich, dass heutzutage die Polizei nicht dem Kaufmann darüber Lehren geben oder vorschreiben kann, wie er die einzelnen Warenposten einzukaufen und zu kalkulieren hat; ist aber der Einkauf nicht zu einheitlichen Preisen und Bedingungen erfolgt, so ist auch für den Verkauf eine einheitliche Taxe nicht durchführbar. Was ist überhaupt ein „justum pretium“ und ein sachgemässer Verdienst? Ist die Kalkulation auf Grund eines in Aussicht stehenden Massenumsatzes überhaupt unmoralisch? — Auch über folgenden Punkt wird alles einer Meinung sein. Ein umsichtiger Kaufmann nämlich wird sich nicht etablieren, wenn er nicht glaubt, billiger als andere liefern oder dem Publikum in irgend einer sonstigen Weise besser dienen zu können, als dies in den schon bestehenden Geschäften der Fall ist. Hat er das Recht, so billig zu verkaufen, wie er will, oder ist dies eine Verletzung des Sittengesetzes? Wenn letzteres zuträfe, so würde ja alle Konkurrenz ein Ende haben und Moral gleichbedeutend mit Monopol sein.

John Ruskin ist ein wohlmeinender Idealist, aber doch zugleich ein kapitalfeindlicher Utopist. So ist auch der von ihm angeratene Kampf gegen das Unterbietungssystem eine aussichtslose Utopie. Ruskin ist der Bahnbrecher für einen neuen Kunststil, aber für eine neue Moral hält seine Logik nicht aus. Der Gesetzgeber wüsste nicht, wo er beginnen und wo er aufhören sollte — er müsste nur den ganzen Warenvertrieb anstatt Kaufleuten künftig Theologen überantworten. Vor allem aber muss man beachten: der Staat ist doch nicht dazu berufen, dass er die höheren Preise stabilisiert. Selbst in früheren Jahrhunderten waren die zum Nachteil der Konsumenten getroffenen Preisverabredungen gesetzlich verboten.

Aber gesetzt auch, es gelänge wirklich der Polizei, alle Unterbietungen aus der Welt zu schaffen, geholfen wäre damit dem Detaillistenstand noch lange nicht. Dann müsste der Staat sofort auch die Reform des Ausverkaufs-, Kredit- und Lehrlingswesens, und dazu noch verschiedene andere „Reformen“ in die Hand nehmen. Das Unterbietungssystem hängt zugleich mit dem allgemeinen Preisrückgang zusammen. Eine gründliche Abhilfe hängt demgemäss von der Frage ab: kann die Regierung diesem Rückgang einen wirksamen Damm entgegenstellen? Eine seiner Hauptursachen liegt gerade in dem leichtsinnigen Kreditgeben:* kann hierauf die Regierung eine Strafe setzen? Man sieht: die Socialpolitik führt den Gesetzgeber immer weiter auf nebelhafte Gebiete, auf denen er bald Bankerott machen müsste.**

---

* In der Zeitschrift für Leder- und Handschuhindustrie vom 18. Februar 1899 heisst es u. a.: „Liefert ein Fabrikant an einen Schleuderer, ohne sich überhaupt zu erkundigen, so ist dies ein grosser Leichtsinn. Liefert er aber und weiss es, dass er es mit einem Schleuderer zu thun hat, so ist dies geradezu ein Verbrechen; ein Verbrechen an sich, ein Verbrechen an seiner Familie, ein Verbrechen an der ganzen Branche, ein grosses Verbrechen deshalb, weil er dadurch dem unsoliden Geschäftsgebaren Thür und Thor öffnet und dem soliden Geschäftsmann den Boden unter den Füssen wegzieht.“

** Die Ethik oder Moral ist ein verfeinertes Recht; will sie aber andern aufgedrungen werden, so dient sie erfahrungsgemäss nur der Beugung des Rechts und dem egoistischen Interesse derer, die die Moral über die Gesetze stellen. Wenn einer noch rechtlicher als das Recht sein will, so mag er es in seinem Innern auskämpfen; denn „Ethik“ ist etwas Individuelles, Persönliches, Subjektiv-willkürliches. Sie allgemein der Masse aufzuzwingen, dazu ist die Regierung weder berufen noch im stande: die Ethik kann auf keinem Gebiete, am wenigsten auf dem des Handels erzwungen werden. Und weil sie etwas Subjektiv-willkürliches ist, so dient sie erfahrungsgemäss oft nur als Flagge für das Gegenteil der sittlichen, nämlich für die egoistischen Interessen der „Reformer“.

3. Die Selbsthilfe des Kleinkaufmanns.

a) Allgemeines.

Wie beim Kleingewerbe, so beruhen auch beim Kleinhandel die Ziele der Agitation auf der fehlerhaften Voraussetzung, dass der Patient so kraftlos und hinfällig sei, dass er sich an frühere veraltete Krücken und Schranken anklammern müsse, anstatt die Einschaltung positiver Stützen zu versuchen. Warum aber soll die Hilfe lediglich darin bestehen, dass die Regierung andere hemmt und unterdrückt? Kann denn der Detailhandel gar nichts aus eigener Kraft für sich thun?

Schon vor einem Jahrzehnt (Stuttgarter Handelskammerbericht pro 1888, S. 62 und pro 1893) wiesen wir auf die neueren Versuche mit den bekannten Mitteln der Selbsthilfe hin, die in England und andern Ländern, aber auch an manchen Plätzen Deutschlands günstige Resultate ergeben haben. Zu diesen Mitteln gehört z. B. der intensive Vertrieb ausgewählter Specialartikel, welche in Bezug auf Geschmack und Qualität ausserhalb der Konkurrenz der Konsumvereine und Hausierer stehen, Beschleunigung des Umsatzes durch periodischen Ausverkauf von Saisonartikeln, stärkere Reklame* u. s. w., in der Stadt Vereinigung zu Einkaufs- oder Magazinsgenossenschaften, auf dem Lande Übernahme von Agenturen, Vermittelung neuerer landwirtschaftlicher Maschinen, Kunstdünger, Thomasschlacke, Aufkauf von Eiern, Kleesamen etc. zum Zweck des Wiederverkaufs in der Grossstadt. Wo Konkurrenzauswüchse zu empfindlich drücken, können sie durch Vereine eingedämmt werden. Schon von manchen Vereinen wurden solche Übelstände abgestellt (z. B. nach dem Vorgang der Uhrmacher), durch systematische Einwirkung auf die öffentliche Meinung (z. B. durch Bekanntgabe über die etwaigen den Hausierern nachweisbaren Schwindelfälle), sowie durch die Aufklärung des Publikums über den Minderwert der angebotenen Waren

---

Namentlich auf dem Gebiete der Konkurrenz, wo es sich um Geld- und Machtgewinn handelt, möchten sie die Regierungsgewalt dazu benützen, um andere nach ihrer Willkür zu unterdrücken. Dürfen wir die Worte Al. v. Touqeville variieren, so ergiebt sich auch hier: „on a découvert de nos jours qu'il y avait dans le monde de tyrannies légitimes et de saintes injustices, — pourvu qu'on les exerçât au nom de la morale."

* Der Erfolg vieler grossstädtischen Geschäfte zeigt, welchen Wert für sie ebenso, wie für die Warenhäuser eine intensive ununterbrochene Reklame, eine gefällige Schaufensterdekoration, Hervorhebung und Specialisierung besonders günstiger Angebote in den Inseraten u. s. w. hat.

und über die wirtschaftliche, gemeindepolitische und lokalpatriotische Pflicht der Bevorzugung des sesshaften Gewerbebetriebs vor dem Hausiergewerbe (Interessierung der Lokalpresse). Man halte dem nicht entgegen, dass hierin schon manches geschehen ist; es ist schon manches geschehen, aber bei weitem noch nicht alles, an den von der Eisenbahn nicht berührten Plätzen noch gar nichts; einzelne Firmen machen eine Ausnahme; das sind aber die besonders rührigen, die nicht in einer Notlage sind. Ihnen steht das Gros gegenüber, das die neueren Chancen immerhin noch besser ausnützen könnte.

Speciell von der Regelung der Zahlungsweise hängt für viele, namentlich für die auf dem Lande ansässigen Kaufleute die Möglichkeit des direkten Einkaufs ab. Die meisten Detaillisten verteuern sich wie die Handwerker den Einkauf dadurch, dass sie so langsam zahlen. Die Mittel aber haben sie deshalb nicht parat, weil sich ihre Privatkundschaft so säumig in der Regulierung erweist, oft auch nur dadurch halten lässt. Der beste Weg, die Kundschaft an promptere, regelmässige Regulierung und an kürzere Zahlungstermine zu gewöhnen, ist der einheitliche Zusammenschluss; der einzelne ist hierin wehr- und machtlos. *

Wie auch in einer anderen Richtung ein Verein — namentlich wenn er sich genossenschaftlich organisiert — die „Kontrollierung" des Marktes in die Hand bekommen könnte, dafür bietet die Vereinigung der Buch-, Eisen- und Tuchhändler einen beachtenswerten Vorgang; sie haben der illoyalen Konkurrenz die Zufuhr-

* Schon 1891 wusste der Geschäftsbericht des Stettiner Einkaufsvereins zu erzählen: „Im besonderen wurde gegen das sogenannte Schleudersystem Front gemacht. Der Verein liess durch wiederholte Annoncen die Preise für die in Betracht kommenden Waren bekanntgeben, und erliess mehrfach durch öffentliche Blätter Warnungen, da er gegen schwindelhaftes Annoncieren und Auslegen von Waren unter anlockender falscher Bezeichnung Stellung nehmen werde, wie letzteres auch erfolgreich geschehen ist.

„Der Vereins-Kakao, ein echt holländisches Fabrikat vorzüglicher Qualität, wurde, um der unberechtigten Preissteigerung von ca. 40 Pf. per Pfund eines lediglich durch riesenhafte Reklame beim Publikum beliebt gewordenen Kakaos entgegenzuwirken, unter der Schutzmarke des Vereins Stettiner Kaufleute eingeführt und erfreut sich einer recht guten Aufnahme beim Publikum."

In gleicher Weise könnten von Vereinswegen fortlaufend unter Benützung der Presse dem grossen Publikum die Beweise dafür geliefert werden, dass die ansässigen Geschäfte eine ebenso sorgfältige und preiswürdige Bedienung haben als die Warenhäuser. Bisher hat die Agitation umgekehrt durch ihre Klagen, dass die Warenhäuser zu billig verkaufen, die intensivste Reklame für die grossen Warenhäuser besorgt.

quellen abgeschnitten und schon vor einigen Jahren bei ihren Lieferanten durchgesetzt, dass sie nicht mehr an solche Geschäftshäuser verkaufen, die notorisch die Warenverschleuderung betreiben. Auch der Verband der Manufaktur- und Modewarenhändler brachte 1898 ein ähnliches einheitliches Vorgehen in Anregung, allerdings, da die Einigung noch nicht energisch genug betrieben wurde, bisher ohne Erfolg. In gleicher Richtung gingen 1898 mit Erfolg z. B. die Handlungen von Haushaltartikeln vor: „ein Fabrikant, der an die Bazare (und Konsumvereine) liefert, ist für den Detailkaufmann eine geeignete Bezugsquelle nicht mehr und unterliegt der Sperre." Ende 1898 traf der „Verein Deutscher Tapetenfabrikanten" die Vereinbarung: „Der Verkauf von Tapeten etc. an Handwerkervereinigungen, sowie an Warenhäuser, Bazare und Versandgeschäfte grösseren Stiles ist verboten. Händler und Fabrikanten, welche Tapeten und Borden direkt oder indirekt verauktionieren lassen, werden gesperrt oder bestraft." —

Neben dieser freien Vereinsthätigkeit kommt noch die der organisierten Genossenschaft in Betracht. Forscht man nämlich den Quellen der Notlage des Kleinkaufmanns tiefer nach, so findet man deren in der Hauptsache auf Seite der Konkurrenz zwei, nämlich:

1) den Grossbetrieb mit dem direkten Einkauf, dem grossen Kapital und Kredit, dem raschen und grossen Umsatz, sowie der Barzahlung, und 2) unlauteres Geschäftsgebaren;

sodann auf Seite der Bedrängten vier, nämlich:

1) Mangel an Betriebskapital und Kredit; infolgedessen 2) Abhängigkeit von den Lieferanten und Kunden (das Borgunwesen); 3) ungenügender Umschlag und infolgedessen die Unmöglichkeit direkten Einkaufs; 4) Mangel an Sachkenntnis seitens der Inhaber der Geschäfte, der sich beim Einkauf, bei der Kalkulation der Verkaufspreise, bei der Behandlung der Waren und ganz besonders bei dem leichtsinnigen Kreditieren dokumentiert.

Hienach finden sich auf Seite des Grossbetriebs gewisse Vorteile, auf Seite des Kleinbetriebs Unvollkommenheiten, bezüglich deren eine generelle Massregel und besonders eine Regierungs-Verfügung nicht viel ändern kann. Den Kleinen steht es offen, durch Zusammenschluss sich die aufgezählten Vorteile des Grossbetriebs zu verschaffen. Eine genossenschaftliche Vereinigung vermag den berechtigten Ansprüchen der Detaillisten nach oben und nach unten d. h. bei der in der Regulierung säumigen Kundschaft und bei den

Lieferanten (der Fabrikanten, Grossisten und Agenten) noch am ehesten Eingang zu verschaffen.

Neben dem Einkauf kann auch der Verkauf genossenschaftlich erfolgen. Mehrere Detaillisten zusammen können selbst eine Magazinsgenossenschaft oder ein genossenschaftliches Centrallager, ein Genossenschaftshaus, eine Art Warenhaus errichten. Die Konkurrenz der Riesenbazare soll mit gleichen Mitteln bekämpft, dem Riesenbazar ein genossenschaftlicher Riesenbazar gegenübergestellt werden.

Für die weitere Förderung der einzelnen Detaillisten sodann liegt der Schwerpunkt im Kreditwesen, in der Aufbesserung des kleingewerblichen Personalkredits, Belehnung der Ausstände und Erzeugnisse, je nach Umständen Erleichterung des Kredits durch Errichtung einer „Gewerbebank“ (in Preussen und Bayern Anlehnung an die Centralgenossenschaftskasse).

Theoretisch ist die Genossenschaftshilfe ein unbestreitbar richtiger Gedanke. Nur wird er von den meisten, die der verlangten Staatshilfe skeptisch gegenüberstehen, auch als das einzige Mittel zur Herbeiführung einer besseren Stellung gerühmt. Dabei aber läuft viel Theorie und zwar oberflächliche Theorie mit unter. Ihr steht eine dreiseitige Erfahrung gegenüber:

1) ein Radikalmittel für mehrere Hunderttausend Konkurrenten giebt es nicht;
2) jede Organisation, sei es nun eine Aktiengesellschaft oder eine Handwerkerinnung oder eine Arbeiterproduktivgenossenschaft, eignet sich erfahrungsgemäss nur für einen ganz bestimmten engbegrenzten und auserlesenen Kreis; eine Einkaufsgenossenschaft demgemäss nur für die Elite des Detailhandels;
3) die günstigen Erfahrungen der prosperierenden Einkaufsgenossenschaften beweisen für die grosse Masse nichts.

Eine Übertreibung in der Gründung von Einkaufsgenossenschaften wäre ebenso zu generell und ebenso verfehlt wie die Staatshilfe, ein generelles Hilfsmittel giebt es überhaupt nicht.

Die zu einseitige Empfehlung beruht auf einer falschen Grundanschauung über das Genossenschaftswesen überhaupt. Noch von den sechziger Jahren her hat sich die Meinung erhalten, als ob das Genossenschaftswesen ein socialpolitisches, für die Masse anwendbares Allheilmittel sei, oder gar die Lösung der socialen Frage bedeute. Diese Annahme schiesst für die Gebiete, auf denen die einzelnen und die Genossenschaften miteinander in Wettbewerb stehen, über das Ziel hinaus. Ein Mittel, das geeignet ist, den einzelnen im Wettbewerb mit den andern einen Vorsprung zu verschaffen uud ihn über den Durchschnitt zu erheben, kann doch nicht gleichzeitig den Unterlegenen oder Bedrohten nützen. Man sieht das gerade an der hier in Frage kommenden Genossenschaftsart: sie frommt wohl einzelnen, aber schadet gerade den anderen. Die Einkaufsgenossenschaft z. B. kann an jedem Platze nur ein oder zwei Mitglieder aufnehmen: Der Vorteil, den sie daraus ziehen, stört den Absatz und die Konkurrenzfähigkeit aller übrigen. Ebenso verhält es sich mit der Einkaufs- und Magazinsgenossenschaft.

In der unteren „Schicht" ferner fehlt es, und zwar nicht bloss beim Detailhandel, durchschnittlich an der Hauptsache, nämlich an der Gemeinsamkeit der Interessen und der persönlichen Qualifikation der (leitenden und teilnehmenden) Mitglieder. Die genossenschaftliche Selbsthilfe erweist sich daher nur für solche bevorzugte Firmen als dauernd wirksam, die auch ohne den Zusammenschluss noch vorankommen können. Eben deshalb aber und weil die Organisations-Versuche — aus der Geschichte der Kartelle z. B. geht dies sattsam hervor — nur da, wo die Not zu denselben zwingt, reussieren, gelingen auch nur wenige. Und wo die Gründung von Einkaufsgenossenschaften gelungen ist, haben sie wohl die Konkurrenzfähigkeit des einzelnen, der sich ihnen angliederte, gehoben; als ein socialpolitisches Allheilmittel aber haben sie sich darum noch lange nicht erwiesen. Denn es wurden auf diese Weise bisher immer nur Hunderten geholfen, während hunderttausend in Frage kommen.

Nähere Details über die Einkaufsgenossenschaften wurden von uns in dem Stuttgarter Jahresbericht pro 1893, über die Verkaufsgenossenschaften von Öser, Grävell (S. 39—53) und P. Dehn (S. 73 bis 87) dargelegt. In Hamburg ist der Versuch, ein solches Gewerbehaus in Betrieb zu erhalten, 1898 gescheitert.

b) Die Stellung des Kleinkaufmanns speciell gegenüber dem Borgunwesen.

In Bezug auf die Inanspruchnahme des Kredits erscheinen die Detaillisten in einer Doppelrolle, nämlich als Kläger in dem Verkehr mit der Privatkundschaft und als Beklagte in dem Verkehr mit den den Lieferanten und Fabrikanten. Die Mangelhaftigkeit der Zahlungsweise besteht in letzterer Hinsicht darin, dass bei uns, im Gegensatz zu fast allen anderen Ländern (von Österreich und dem Osten abgesehen), der grosse Teil der Kleinhändler sich noch nicht an einen bestimmten Zeitpunkt zu binden, erst nach 6 Monaten zur Zahlung sich zu bequemen pflegt, oder oft erst nach deren Ablauf ein Dreimonatsaccept hergiebt. Eine Besserung kann nur dadurch erbracht werden, dass die deutsche Geschäftswelt, ebenso wie die ausländische, sich an das Prinzip der Festlegung der Regulierung durch Tratte gewöhnt. Jeder weiss, dass er, wenn er pünktlich innerhalb Monatsfrist oder wenigstens nach Verlauf von 3—4 Monaten nach Absendung der Ware zahlt, auch besondere Vergünstigungen erhält. Wird der Lieferant in den Stand gesetzt, mittels der Tratte über die erst später fällig werdenden Beträge zu verfügen, und die Accepte zu Geld zu machen, so kann er als Äquivalent eine Preisermässigung, Rabatt oder Sconto einräumen. Auf die eine oder andere Weise wird er sich durch eine prompte Regulierung einen Vorsprung vor dem Konkurrenten verschaffen.

Diese Vorteile sind allbekannt, aber nur wenige Detailhändler verschaffen sie sich. In Frankreich lässt jeder Geschäftsmann auf seine Zahlungsbriefe drucken: „On paie tous les derniers.“ In Deutschland steht der gleichen Promptheit ein veralteter Gebrauch der Privatkundschaft im Wege. Bei der Mehrzahl der Zwischenhändler und Detaillisten ist es nicht etwa Unverstand, weshalb sie so schleppend reguliert, sondern eine gewisse Zwangslage, die darin liegt, dass auch der Konsument nicht per Kasse kauft, sondern oft auf lange Zeit schuldig bleibt. Im Detailverkehr und im Kleingewerbe ist das langsichtige Kreditieren oder genauer das „Pumpsystem“ eine altüberkommene Unsitte, die auch für die Kundschaft selbst, durch die Förderung des Borgunwesens, sowie der Anschaffungen über Bedarf, schädlich wirkt.

Nun könnte aber auch der Detaillist sein Publikum durch Gewährung billigerer Vorzugspreise zum Bareinkauf erziehen, um sodann seinerseits gegen promptes Zahlen billiger einkaufen zu können. Diese Versuche sollten die Ortsgewerbevereine und Handelsvereine immer wieder aufnehmen; sie könnten, wie wir 1893 (Stuttgarter Handelskammerbericht S. 73) dargelegt haben, vielleicht gemeinsam mit den Gewerbevereinen und mit den Vereinen für Kreditreform auf das Publikum einwirken, ferner ihre Vereinsangehörigen zu einer Vereinbarung anhalten, alsbald bei der Ablieferung die Rechnung beizuschliessen und regelmässig Q u a r t a l s r e c h n u n g e n auszusenden, endlich den „besseren Geschäften“, sowie den staatlichen und Gemeindebehörden (ähnlich wie beim Submissionswesen) es nahelegen, in der prompten Regulierung voranzugehen.*

Allerdings steht einer gründlichen Abhilfe die übergrosse Konkurrenz im Wege. Um nämlich Kunden an sich ziehen und zu fesseln, haben die meisten Detaillisten, die nicht, wie der Grossvertrieb, auf die Masse spekulieren können, als hauptsächliches Mittel nur den Warenborg. Darin liegt der Hauptgrund der geringen Konkurrenzfähigkeit der Mehrzahl. Ihr Betrieb ist finanziell ohnehin schon nicht genügend fundiert und nun hängt sich ihm das Ausstandsconto wie ein Bleigewicht an. Ein deutliches Bild von dieser Zwangslage bietet die übergrosse Konkurrenz der Fabrikanten, infolge deren sie mehr auf grosse Umsätze als auf reelle Geschäfte sehen. Die Verschlimmerung des Kreditwesens ist nur das Gegenstück zu dem sogen. Preisrückgang; beide haben ihre gemeinschaftliche Ursache in der Unterbietungssucht: hier vor allem, bei dieser Hauptursache, d. h. gegen das Geschäftsgebaren einzelner Konkurrenten, welche von vornherein zu dem sechsmonatlichen Ziel noch dreimonatliche Acceptzeit gewähren, haben die Fabrikanten den Hebel anzusetzen. Sie können dies auch viel leichter als die Kleinen, und zwar dadurch, dass die Angehörigen derselben Branche, wie es schon 1872 verschiedene Handelsgeschäfte, in den letzten Jahren manche Industriellenverbände gethan haben, miteinander eine gemeinschaftliche Neuregelung der Verkaufs- und Lieferungsbedingungen vereinbaren. —

Den letzterwähnten Punkt führten wir in einer Denkschrift von 1894 mit folgendem weiter aus:

Die fortschreitende Umwandlung der kaufmännischen Prinzipien in Lieferung und Verkauf äussert sich in der Industrie, in der Überbürdung durch das stetige Anwachsen der Ausstände. Im be-

* Vielleicht könnte auch die eine oder andere Gewerbebank für die Besserung dieses Punktes interessiert werden. Wenigstens haben solche 1896 z. B. in Hamburg, Wien und Prag die mit dem Namen „Eskomptierung von Rechnungen" bezeichnete Belehnung von Buchforderungen versucht. Sie besteht in folgendem: ein Kaufmann cediert eine ihm an seinen Kunden zustehende, mit einem bestimmten Fälligkeitstage bezeichnete und seitens des Schuldners anerkannte Forderung an die Gewerbebank und stellt überdies zur Deckung des letzteren einen Eigenwechsel aus; um die Einbürgerung dieser Form der Anweisung der bestätigten Faktura bemüht sich seit Jahren der Wiener Inkassoverein, der damit einen Umsatz von mehreren Millionen Gulden erzielt. Oder der Kaufmann verpfändet, falls seine Forderung vom Schuldner nicht anerkannt ist, diese der Bank und stellt einen Eigenwechsel aus, gegen welche Deckung das Institut, nach erfolgter Anerkennung der Forderung durch den Schuldner, das Darlehen auszahlt.

sonderen macht sich mehr und mehr in Gestalt der Hingabe kleiner auf Nebenplätze laufender Wechsel an Zahlungsstatt eine neue verschleierte Form des Borgens seitens der kapitalschwächeren Kundschaft wie der Mehrbelastung des Fabrikanten durch die Grossisten breit.

Auf der einen Seite nimmt der Gebrauch des Wechsels in Kreisen überhand, die sich hierfür nicht eignen, auf der andern Seite verschärft sich die gegenseitige Unterbietung in den Kreditzugeständnissen als ein Zeichen des gleichzeitigen Überhandnehmens der „amerikanischen“ Kalkulationsweise und des darin liegenden „socialen Zwangs“. . .

Eine radikale Abhilfe lassen innere, in der bisherigen Entwickelung des gesamten Geschäftslebens liegende Gründe als unmöglich erscheinen. In den eben geschilderten Auswüchsen stellt sich eine Umgestaltung der Verkaufsweise dar, die vor einigen Jahrzehnten von Amerika zu uns herübergekommen ist. Wie die Leistungsfähigkeit der Arbeitskraft durch die Fortschritte der Technik, so ist auch diejenige der Kapitalkraft durch die Fortschritte des Betriebs oder Umtriebs binnen weniger Jahrzehnte um etwa das Fünffache gesteigert worden: man produzierte und verkaufte rascher und billiger, und suchte durch den rascheren Umtrieb wiederzugewinnen, was am Gewinn aus dem Betriebskapital durch Minderung der Fabrikatpreise entging: bei dem rascheren Massenumsatz ist heute ein Verdienst von 5 % fast ebensoviel wert, wie vor drei Jahrzehnten ein solcher von 15 %. Diese Neuerung hatte sofort eine Umgestaltung der Existenzbedingungen zur Folge und zwar eine Gefährdung oder Schmälerung des Kleinbetriebs, da er durch seine zeitliche und lokale Gebundenheit gehindert ist, den Umsatz in gleicher Weise zu beschleunigen; es ergab sich schon daraus eine Verschiedenheit der Generalspesen und damit der Produktionskosten. In weiterer Folge nun wurde auch die Zwischenhand — nach dem Vorgang der Elsässer Fabriken — ausgeschaltet und die Kundschaft direkt bedient. Daraus ergab sich die zweite Neuerung, dass nun die Fabrikanten das Lager, das bisher der Grossist gehalten hatte, halten mussten, dass sie sich ferner bald auch einander in Gewährung kürzerer Lieferfristen und leichterer Zahlungsbedingungen unterboten. So befindet sich heute die Industrie mit ihrer Kalkulation und Verkaufsweise auf einer schiefen Ebene: Die Lieferfrist wird immer kürzer, die Zahlungsfrist immer länger, das Lager und das Ausstandskonto immer grösser; es ist das infolge des gegenseitigen Unterbietens eine Schraube ohne Ende.

Dementsprechend ist auch jeder Fabrikant gezwungen, ein dreifach grösseres Betriebskapital als früher parat zu halten. Die neueren Zugeständnisse, um ins Geschäft zu kommen, verschaffen dem Kapitalstärkeren einen Vorsprung, der Kleinere kann in all dem nicht mehr mitkommen und bleibt im Wettlauf immer weiter zurück, bis er zuletzt der kapitalstärkeren Konkurrenz sich ergiebt oder ihr erliegt. So ist die gegenseitige Unterbietung in der Preisbemessung und Krediteinräumung zu einem systematischen Mittel der Bekämpfung der kleinen Konkurrenz und zur Beschränkung ihrer Existenzbedingungen geworden.

Angesichts dieser Entwickelung des Geschäftslebens erscheinen Gesetze als wirkungslos, und nur eine Milderung der Übelstände und zwar im Wege der geschlossenen Selbsthilfe, die von der potenteren Seite ausgehen muss, möglich. Eine Vereinbarung z. B. unter den nächstbeteiligten Branchen, dass die Einzugsspesen von den Acceptanten zu tragen sind, sollte ohne besondere Mühe herbeigeführt werden können. Zugleich dürfte die Regierung diesen Bestrebungen etwa durch Herabsetzung der Verjährungsfrist auf ein Jahr, durch Förderung des Bankdienstes für den mittleren Geschäftsmann, insbesondere aber durch weitere Ermässigung des Tarifs für Postaufträge entgegenkommen und damit einen Anstoss geben.* Was den Postauftrag betrifft, so belaufen sich die Gesamtkosten derzeit auf 50 Pf.; der Inkasso sollte nur 20 Pf. kosten, die Einsendung der Quittung als gewöhnlicher Brief 10 Pf. Insbesondere aber sollte sich für den Einzug von Fakturenbeträgen auf Nebenplätze die Postkartennachnahme noch mehr einbürgern, da damit gegenüber dem Trassierungssystem bei jedem Appoint 25 Pf. erspart werden.

Unter der eben erwähnten Verschiebung leidet vor allem das Detailgeschäft. Die Kalkulation auf den Massenumsatz findet sich in der Stadt bei den Konsumvereinen und bei den mit Grosskapital arbeitenden und die Filialengründung systematisch betreibenden Geschäften, welche die für den grossen Konsum geeigneten Artikel als Lockvögel mit Verlust oder vielleicht nur mit einem Kassensconto von 1—2 % kalkuliert auf den Markt werfen. Auf dem Lande stellt sich diese Konkurrenz- und Kalkulationsweise in dem seit Jahrzehnten beklagten Hausierbetrieb (Detailreisende, Massenausverkäufe, Reklameschwindel) dar.

---

* In dieser Beziehung verdient der Antrag der Handelskammer in Leer dd. 5. Februar 1895, es möge für Postanweisungen bis zum Höchstbetrag von 10 Mk. die Gebühr auf 10 Pf. herabgesetzt werden, Anerkennung und Unterstützung

4. Der Kleinhandel im Ausland.

Über die Stellung des Kleinhandels im Ausland haben wir schon vor einigen Jahren (1893) versucht, an authentischer Stelle nähere Daten zu erhalten. Soweit wir neueres Material erhalten konnten, haben wir dieselben auf den jüngsten Stand ergänzt, bemerken aber, dass es uns nur bei einigen der von uns behandelten Länder gelungen ist, die vollständigen Daten zu erhalten. Die Lage des Kleinhandels wird ja erst für unser Deutsches Reich allmählich näher aufgeklärt; für die Auslandstaaten bildet sie, da dort das Detailgeschäft durchaus nicht in gleichem Masse, wie in Deutschland, die öffentliche Meinung beschäftigt, ein noch unerforschtes Gebiet. Vielleicht giebt die nachfolgende Darstellung die Anregung zu einer Ergänzung dieser Lücke (die nur im Wege der Kollektivarbeit möglich ist).

1) Belgien. In Belgien befindet sich das Detailgeschäft in einer verhältnismässig günstigen Lage, insofern es dort unter der Konkurrenz der Konsumvereine und der Hausierer wenig oder gar nicht zu leiden hat.

Der Grund für die geringe Ausdehnung zunächst des Hausiergewerbes liegt darin, dass die Gemeinden über die polizeiliche und steuerliche Belastung der Hausierer vollständig freie Hand haben. Infolgedessen sind die Steuersätze sehr hoch (in Nivelles z. B. 200 Frs. für 7 hintereinanderfolgende Tage, in Marbais 3 Frs. pro Tag) und die Besteuerung erfolgt seitens jeder einzelnen Gemeinde, in deren Bezirk der Hausierer Geschäfte treibt. Dadurch wird einmal eine Lokalisierung des Hausiergewerbes auf die grösseren Gemeindebezirke erreicht, anderseits aber die Zahl der Konkurrenten von vornherein beschränkt. Die Steuersätze schwanken in den einzelnen Gemeinden zwischen 0,15 Frs. bis 10 Frs. pro Tag, 2 Frs. bis 60 Frs. für das Semester und 5 Frs. bis 80 Frs. für das Jahr. In den meisten Gemeinden besteht ein Minimum und Maximum der Steuertaxe, je nachdem der Hausierer sein Gewerbe ohne Wagen, mit einem Kastenkarren, mit einem Hundewagen oder mit einem mit Pferden oder Eseln bespannten Wagen betreibt.

Die Einführung der Hausiersteuer ist den Gemeinden freigestellt. In den Provinzen Namur und Luxemburg besteht eine solche überhaupt nicht.

Die Hausiersteuer in Belgien hat ihre interessante Geschichte. Wiederholt ist die Gesetzmässigkeit der kommunalen Besteuerung der Hausierer und umherziehenden Händler von Provinzialbehörden bestritten worden. So hat der ständige Ausschuss des Provinzialrats der Provinz Hennegau der Hausiersteuer gegenüber ein systematisch feindliches Verhalten an den Tag gelegt. Ferner erklärte der ständige Ausschuss des Provinzialrates der Provinz Antwerpen, unter Berufung auf eine Entscheidung des Kassationshofes vom 5. März 1888, dass jede fiskalische Massnahme gegen die Hausierer eine verdeckte Warenbesteuerung bedeute, mithin gegen das Gesetz von 1860 verstosse, durch welches die Besteuerung von Waren für unzulässig erklärt wird. Ein Gutachten des oben erwähnten Provinzialausschusses von Hennegau erhob namentlich den Einwand, „dass es schwierig sein würde, das Gewerbe eines Hausierers zu betreiben, wenn alle Gemeinden eine Steuer darauf einführten". Dem gegenüber machte das Ministerium des Innern geltend, dass eine Steuer wegen der Hindernisse, welche sie der Ausübung eines Gewerbes entgegenstellt, nicht für ungesetzmässig erklärt werden könne. Dies sei nur zulässig, wenn die Steuer selbst sich als ungesetzlich charakterisierte. Es sei klar, dass einem Gemeinderat die Genehmigung zu einer von ihm kraft des ihm zustehenden Rechts der Besteuerung von Personen oder Sachen innerhalb seines Verwaltungsbezirks vorgenommenen Regelung der Besteuerung des Hausierhandels nicht im Hinblick auf die mögliche Einführung von Steuern in andern Gemeinden verweigert werden könne.

Schliesslich haben die Ministerien der Finanzen und der Justiz, denen die Gutachten der Provinzialausschüsse zur Prüfung vorgelegt wurden, sich in Übereinstimmung mit dem Gutachten des Ministeriums des Innern für die Gesetzmässigkeit der kommunalen Hausiersteuer ausgesprochen und damit ihre Rechtsgültigkeit bestätigt. —

Auch hinsichtlich der polizeilichen Massnahmen hat die Regierung den Gemeindebehörden eine weitgehende Autonomie belassen. Das Ministerium des Innern, dem die Genehmigung der Tarifreglements betreffs des Hausierhandels untersteht, hat sich bisher damit begnügt, seine Zustimmung von der Ausmerzung solcher Bestimmungen abhängig zu machen, über deren Ungesetzmässigkeit kein Zweifel besteht, wie z. B. des Verbots, an den Thüren zu schellen, oder des Erfordernisses der Beibringung eines Leumundszeugnisses.

Selbstverständlich haben die Steuermassnahmen der Gemeindebehörden zu Klagen aus Hausiererkreisen vielfach Veranlassung gegeben. Seit einem Jahrzehnt wenden sie sich mit Petitionen an die Abgeordnetenkammer, die den Erfolg hatten, dass auf Grund eines Gutachtens des „Conseils supérieur de l'industrie et du commerce“ ein Höchstmass für die Steuer aufgestellt wurde.

Handlungsreisende unterliegen keinen gesetzlichen Beschränkungen. —

Auch die Konsumvereine scheinen, ebenso wie die Hausierer, dem Kleinhandel in Belgien weniger Konkurrenz zu machen als in Deutschland. Ihre Zahl wurde — eine amtliche Statistik fehlt — im Jahre 1893 auf 500 geschätzt (siehe Ergänzungsband zum Handwörterbuch der Staatswissenschaften S. 320). Da sie sich fast ausschliesslich in den Händen der socialistischen Arbeiterpartei befinden und deren politischen Zwecken dienen, so ist damit von selbst eine Beschränkung der Mitgliederzahl, sowie überhaupt ihres Wirkungskreises gegeben. —

2) England. In England hat das Detailgeschäft zwar ebenso wie in Deutschland unter der Konkurrenz der Konsumvereine, Hausierer, Wanderlager etc. zu leiden. Jedoch nimmt es dort nicht in dem Masse die öffentliche Aufmerksamkeit für sich in Anspruch, wie in Deutschland. Wohl werden vereinzelt in kleineren Lokalblättern Klagen laut, doch geht die öffentliche Meinung gar bald darüber hinweg. Vielleicht liegt der Grund für die Zurückhaltung in den dem englischen Volke in Fleisch und Blut übergegangenen Anschauungen über Selbstverantwortlichkeit und Selbsthilfe, auf Grund deren man es verschmäht, überhaupt einen Appell an die Staatshilfe zu richten; vielleicht ist auch die Konkurrenz etwas weniger drückend als in Deutschland.

Gelegentlich der Verhandlungen im englischen Parlament über die Pedlars- and Hawkers Act in den Jahren 1870, 1871 und 1888, durch welche die von den Hausierern etc. zu zahlende Licenzgebühren festgesetzt wurden, ergab es sich, dass eine Konkurrenz zwischen den Hausierern etc. und den ansässigen Gewerbetreibenden in nur geringem Umfange bestand. Im Jahre 1870 wurde den Hausierern zu Fuss (Pedlars) für einen Teil des Jahres die Licenzgebühr nachgelassen, ein Zeichen dafür, dass man sich ihrer nicht durch steuerliche Massnahmen erwehren zu müssen glaubte. Anscheinend ist seit 1870 die Zahl der Hausierer, wenigstens in den grösseren Städten, zurückgegangen. Nach einem Ausweis des Stadtpolizeiamtes in Manchester z. B. betrug die Zahl der in dieser Stadt erteilten Licenzscheine: 1872: 1380, 1892: 951. Der Gebührenerlös betrug 1872: £ 345, 1892: £ 237,15.

Die Hausierer stehen in Grossbritannien unter polizeilicher Kontrolle. Einer Extrabesteuerung unterliegen sie nicht; sie zahlen gleich vielen anderen Gewerbetreibenden, wie Rechtsanwälten, Schankwirten, Mäklern etc. eine Specialgewerbesteuer, die sogenannte Licenzabgabe. Dieselbe beträgt für Hausierer zu Fuss (Pedlars) 5 Schilling pro Jahr, für die Hausierer mit Wagen und Tieren (Hawkers) 2 £ (Pedlars Act 1871; Hawkers Act 1888). —

Was die genossenschaftliche Organisation der Verbraucher und Käufer anlangt, so hat dieselbe, wie bekannt, in England eine Ausdehung genommen, wie kaum in einem anderen Staate. Es betrug die Zahl der Konsumvereine im Jahre 1896: 1453 (1893: 1465; Deutschland: 1283), die Mitgliederzahl 1896: 1,37 (1893: 1,2) Millionen. Ihr Geschäftsumsatz belief sich für das Jahr 1896 auf 36,94 (1893 auf 32,5 Mill. £). Daneben bestanden noch 11 Specialkonsumvereine mit einem Geschäftsumsatz von £ 2,7 Mill. Ausserdem ist noch die grosse Zahl der Produktiv- und Engros-Genossenschaften in Betracht zu ziehen, die gleichfalls als Konkurrenzfaktoren für den Klein- (Zwischen-)handel eine grosse Bedeutung haben.

Das Gesetz vom 11. August 1876, „the industrial and provident societies Act“, (aufgehoben durch das Gesetz vom 12. September 1893, das nur wenige Neuerungen trifft,) erklärte die Genossenschaften sämtlich für steuerfrei. Diese Steuerfreiheit kann man nicht als ein staatliches Privileg auffassen, vielmehr nur als eine Konsequenz der eigenartigen Steuergesetzgebung Englands, nach der die steuerpflichtigen Gesellschaften ihre Steuern nur in Vertretung ihrer (für die Genossenschaften: ihrer meist nicht steuerpflichtigen) Mitglieder zahlen. — Immerhin ist klar, dass, falls der Kleinhandel eine erdrückende Konkurrenz seitens der Konsumvereine verspürte, er zuallererst — wie in Deutschland — die Steuerfreiheit der Genossenschaften zum Ausgangspunkt seiner Angriffe erwählt hätte. Im übrigen mag in England, dem klassischen Land der Handels- und Gewerbefreiheit, auch die Aussichtslosigkeit der auf protektionistische Massregeln seitens des Staates gerichteten Bestrebungen — falls wirklich eine Konkurrenz bestände — die Kleinhändler von einer Agitation abhalten.

In Konsequenz dieser das englische Volk sowohl als die Regierung beherrschenden Anschauungen bestehen auch keine gesetzlichen Bestimmungen, die den Handlungsreisenden den Besuch ihrer Privatkundschaft verbieten oder auch nur schmälern würden. Ebenso ist auch für die englischen Beamten die Beteiligung an den Genossenschaften als Mitglieder in keiner Weise eingeschränkt. Nur ist ihnen nicht gestattet, sich an der Verwaltung der sog. „cooperative stores“ zu beteiligen. —

3) Frankreich. Sehen wir von der Agitation gegen die Warenhäuser, die wir schon oben berührt haben, ab, so gelangen zwar die Klagen über die Konkurrenzfaktoren (Hausierer, Detailreisende, Konsumvereine, Wanderlager etc.) häufig zum Ausdruck. Doch ist dieser Konkurrenzkampf nicht so bedeutend, dass er bisher die öffentliche Meinung bewegt, oder gar Anlass zu irgend welchen gesetzgeberischen Massnahmen gegeben hätte. Überhaupt würde ein solches Einschreiten immerhin dem Geist der französischen Gesetzgebung widerstreben; noch heut gilt dort der Grundsatz der droits de l'homme von 1789, wonach jeder Handel in Frankreich absolut frei ist.

Die Frage, ob die Konkurrenz in den letzten Jahrzehnten in Frankreich angewachsen ist, lässt sich schwer beantworten, da viele, namentlich die umherziehenden Händler, sich dem Ankauf des Patentes zu entziehen wissen, umsomehr als jeder einzelne dazu legitimiert ist, Handel zu treiben, auch ohne die Steuer zu entrichten. Hat die Verwaltungsbehörde es unterlassen, seinen Namen auf die Steuerlisten zu setzen, so ist das ihre Schuld; für den Händler, der ohne Steuer zu zahlen, Handel treibt, erwachsen daraus keinerlei Nachteile. Kein Deklarationszwang, keine Eintragung der Firma ins Handelsregister verpflichtet den Kaufmann, die Behörden von der Art und dem Umfang seines Gewerbes in Kenntnis zu setzen. So kommt es denn, dass in Frankreich nur diejenigen Kaufleute und Händler ein Patent entrichten, welche offenkundig Handel treiben oder deren Existenz durch die Verwaltungsbehörden ermittelt werden kann. Trotz dieser konniventen Steuergesetzgebung scheint eine Zunahme namentlich des Wandergewerbes nicht erfolgt zu sein. Aus einzelnen Gegenden, wie z. B. aus Havre wird von einer erheblichen Abnahme der Konkurrenz durch Hausierer und Reisende in den letzten Jahren berichtet.

Der Hausierhandel in Frankreich unterliegt nur einigen Einschränkungen, die rein gewerbepolizeilichen, nicht etwa wirtschaftspolitischen Motiven entsprungen sind. So ist dem Hausierer verboten Spielkarten, Tabak, Streichhölzchen, Schiesspulver etc. zu führen; es ist ihm untersagt, zu bestimmten Stunden oder an gewissen Plätzen zu verkaufen, auch unterliegt die Zahl der die Märkte besuchenden Hausierer gewissen Beschränkungen.

Die Jahrmarkts- und fliegenden Händler haben gleich jedem

andern Gewerbetreibenden eine Steuer zu zahlen, deren Höhe sich nach der Zahl der zum Transport der Waren verwandten Wagen und Zugtiere richtet. Für den Wagen zahlt er 20 Frs., für das Zugtier je 15—20 Frs. Eine Ermässigung der Taxen für Wagen und Zugtiere auf die Hälfte tritt ein, wenn der Hausierer sein Gewerbe in einem Umkreis von nicht über 20 km um seinen Wohnsitz ausübt, oder wenn die Bespannung ausschliesslich aus Eseln besteht. Auch tritt die gleiche Ermässigung für gewisse Specialwaren von geringem Werte ein.

Der Hausierer (zu Fuss) entrichtet eine Steuer von 8 Frs.

Ausserdem hat jeder Hausierer eine Steuer von 20 % des Mietswertes seiner Wohnung zu bezahlen (s. Gesetze vom 25. Juni 1841, 28. Januar 1875, 15. Juli 1880).

Alle Steuern werden zwischen Staat, Departement und Kommune verteilt.

Von der Verpflichtung, ein Patent zu lösen, sind befreit die Blumen- und Esswarenverkäufer.

Keinerlei Beschränkungen unterstehen die Detailreisenden. Sie brauchen kein Patent zu lösen, auch bestehen keine Bestimmungen, die ihnen das Aufsuchen der Privatkundschaft verbieten. Eine solche Massregel würde dem Franzosen einfach als absurd erscheinen.

Auch die Konsumvereine unterliegen keiner gesetzlichen Regelung. Ihre Gründung und ihr Ausbau ist der privaten Initiative überlassen. Die öffentliche Meinung und die Presse stellen sich entschieden auf ihre Seite. Auch der Staat legt ihrer Entwickelung und Entfaltung keinerlei Hindernisse in den Weg. Weit entfernt davon, seinen Beamten die Beteiligung an den Konsumvereinen zu verbieten, hat er verschiedentlich selbst die Gründung von Konsumvereinen in die Hand genommen. So sind zahlreiche Eisenbahnbeamten-, Bergwerkskonsumvereine etc. entstanden. Im Jahre 1895 belief sich die Zahl der Konsumvereine nach dem Almanach der französischen Genossenschaften auf 1089 (1889: 800). —

4) Holland. In diesem Lande sind es die Konsumvereine, die dem Kleinhandel am meisten zusetzen. Wohl haben auch Hausierer, Wanderlager, Detailreisende etc. im letzten Jahrzehnt zugenommen. Indessen tritt deren Wettbewerb in den Niederlanden weniger in den Vordergrund. Aus rein polizeilichen, nicht wirtschaftspolitischen Gründen hat man in einer Anzahl von Gemeinden Verordnungen aufgestellt, die den Betrieb des Hausiergewerbes und von Wanderlagern unter Verbot und Strafe stellen. Dagegen unterliegen Detail-

reisende keinen einschränkenden gesetzlichen Bestimmungen. Nur für ausländische Handlungsreisende bestehen gewisse Taxen (Licenzgebühren), die z. B. für die deutschen Handelsreisenden jährlich 15 Gulden 36 Cents betragen.

Der Zahl nach bestanden 1897 in Holland, nach dem Jahrbuch des Niederländischen Genossenschaftsverbandes, 244 Konsumvereine mit 15 000 Mitgliedern. Diese Ziffer gewinnt an Bedeutung, wenn man berücksichtigt, dass gerade die wohlhabenderen Klassen, wie Offiziere, Beamte, Gelehrte etc. den Konsumvereinen als Mitglieder angehören, und dass die Vereine die Beschaffung und den Verkauf aller möglichen Waren in ihren Geschäftsbetrieb hineinziehen. Ferner aber — und hierin liegt die Intensität der Konkurrenz — beschränkt sich der Warenabsatz nicht auf die Mitglieder, erfolgt vielmehr auch an Dritte, die teilweise sogar dividendenberechtigt sind. (Nach dem Gesetz von 1876 ist die Ausdehnung des Geschäftsbetriebs auf Nichtmitglieder ausdrücklich zugelassen.)

Das Wachstum und das Gedeihen der Konsumvereine schreibt man hauptsächlich dem Einflusse des Gesetzes von 1876 über die „Cooperatie Wet“ zu. Mit diesem Genossenschaftsgesetz wollte man eine Verbilligung und Verbesserung des Lebensunterhaltes der niederen Stände erzielen. Nach Massgabe dieses Gesetzes sollten als Genossenschaften behandelt werden die „Vereinigungen von Personen, wobei Eintritt und Austritt von Mitgliedern zugelassen wird, und die die Förderung der materiellen Interessen der Mitglieder zur Aufgabe haben, wie durch gemeinschaftliche Ausübung ihres Handwerks oder Gewerbes, durch Anschaffung ihrer Bedarfsartikel oder durch Gewährung von Vorschüssen auf Kredit“.

In den achtziger Jahren gingen die Konsumvereine dazu über, dass sie einen förmlichen Handelsbetrieb mit beliebigen Waren nicht eigener Erzeugung zum Vertrieb an Dritte eröffneten. Diese Betriebsausdehnung wurde als über das nach dem Gesetz von 1876 zulässige Mass hinausgehend bemängelt. Die Vertreter des Kleinhandels petitionierten Ende der achtziger Jahre um Beseitigung der bestehenden Unklarheit und gründeten einen „Schutzverband“, dessen Mitgliederzahl im Jahre 1897 sich auf etwa 3000 belief. Dieser Bund sucht durch Wort und Schrift auf die Gefahren dieser Konkurrenz aufmerksam zu machen und macht bei den Wahlen für Staat, Provinz und Gemeinde seinen Einfluss gegen Mitglieder und Lieferanten geltend. Infolgedessen war es schon Ende der achtziger Jahre fast unmöglich geworden, dass ein Mitglied eines Konsumvereins in einen Stadtrat, in die Provinzialstände oder in die zweite Kammer gewählt wurde, wenigstens nicht in einer der Städte, wo ein Konsumverein im Betrieb ist.

Trotz dieser energischen Thätigkeit konnte der Bund bisher nur die Aufhebung der Steuerfreiheit der Konsumvereine erreichen (Gesetz vom 2. Oktober 1893). So suchte er seiner Zeit auf die Regierung dahin einzuwirken, dass sie Beamten und Offizieren die Beteiligung an Konsumvereinen, namentlich auch als besoldete Verwaltungsmitglieder, verbiete. Nur hinsichtlich der Offiziere ist von der vorgesetzten Stelle eine Einwirkung nach der gewünschten Richtung erfolgt, nicht aber hinsichtlich der Beamten. Ob jenem Schritt eine prinzipielle Bedeutung beizumessen ist, ist zweifelhaft. Die Regierung hat wiederholt ihre konsumvereinfreundliche Haltung zum Ausdruck gebracht; so vergab sie Ende 1892 die Lieferung von Lebensmitteln und Brennstoffen für die Truppen im Lager von Zeist an den Konsumverein in Utrecht und liess der Justizminister gelegentlich der Beantwortung einer von einem Mitgliede der ersten Kammer eingebrachten Interpellation durchblicken, dass er gegen eine Einschränkung des den Konsumvereinen gesetzlich zustehenden Verkaufs an Mitglieder sei.

Auch das Publikum vermochte der Bund für seine Ziele nicht zu erwärmen. In Holland empfindet man es mehr als sonstwo, dass die k l e i n e Konkurrenz im Detailgeschäft nicht zur Verbilligung der Waren beiträgt und zwar auch solcher Waren, welche in den grösseren Handelsplätzen, wie z. B. in Amsterdam, im Grosshandel aus erster Hand und preiswürdig zu haben sind. Die Schuld daran trage, heisst es, die Überfüllung des Standes der Kleinhändler mit solchen Existenzen, die in anderen Ländern in der Industrie ihr Unterkommen fänden, das ihnen das industriearme Holland nicht gewähren könne. Gleichwohl aber sei die Konkurrenz nicht im stande, einen Preisdruck auszuüben, da die Kleinhändler einander instinktiv durch Aufrechterhaltung der hohen Preise unterstützen.

5) I t a l i e n. Im allgemeinen bildet in Italien die Konkurrenz der Hausierer, Detailreisenden, Wanderlager, Konsumvereine eine neue Erscheinung; sie machte sich dem Kleinhandel erst von den 70er Jahren an bemerklich. In Mittelitalien wenigstens gab es vorher keinerlei ständige Hausierer, Detailreisende und Wanderlager. Sie zeigten sich nur gelegentlich der grösseren Jahrmärkte (Messen). Seit den 70er Jahren ist der Gewerbebetrieb im Umherziehen in der Zunahme begriffen; indessen nicht in erheblichem Masse. Nur

hinsichtlich Siziliens wird behauptet, dass die Konkurrenz der ansässigen Gewerbetreibenden seit dem Jahre 1870 bei weitem mehr als um das Dreifache gestiegen sei und zwar infolge der Ausdehnung des sizilischen und calabrischen Eisenbahnnetzes. Wohl haben sich schon vereinzelt italienische Handelskammern, wie z. B. 1892 Florenz, mit dem Gegenstand beschäftigt, und die Frage dem Industrie- und Handelsrate zur Begutachtung unterbreitet. Doch sind irgend welche gesetzgeberischen Aktionen nach dieser Richtung noch nicht erfolgt.

Bei Hausierern handelt es sich fast ausschliesslich um Ausländer, die Leinwand, seidene Tücher, Stahlfedern u. dergl. m. mit sich führen und zum Verkauf anbieten. Die in grösseren Städten auf Plätzen und Strassen in grosser Zahl ihre Waren feilbietenden Händler sind keine eigentlichen Hausierer, sondern vielmehr Angestellte selbständiger Ladenbesitzer, die von ihrem Patron ausgestattet, unterhalten und ausgesandt werden. Nur in seltenen Fällen betreten solche „Hausierer“ die Wohnhäuser, um hier ihre Ware an den Mann zu bringen. Beschränkungen in polizeilicher Hinsicht unterliegen die Hausierer wie Detailreisenden nur insofern, als sie zum Betriebe ihres Gewerbes eines für ein Jahr von der zuständigen Polizeibehörde ausgestellten Erlaubnisscheines (Certifikates) bedürfen. Hierfür haben sie eine Gebühr von etwa 12 Frs. pro Jahr und in einzelnen Städten, wie z. B. in Genua eine Stempelgebühr von 60 Cts. zu entrichten. Einer sonstigen Licenzsteuer untersteht der Gewerbebetrieb im Umherziehen nicht. Die polizeiliche Erlaubnis wird versagt, wenn der Nachsuchende gerichtlich bestraft ist, oder wenn er sonst keinen guten Leumund besitzt. Ausserdem ist noch in jeder Gemeinde von dem Bürgermeisteramt die Erlaubnis zum Hausierhandel einzuholen, die je nach den Umständen erneuerbar und widerruflich ist. —

Konsumvereine. Die dem Kleinhandel aus den Konsumvereinen erwachsende Konkurrenz ist für Italien erst seit etwa drei Jahren von Bedeutung. Trotz allerlei staatlicher Begünstigungen nämlich, so der durch ein Gesetz von 1870 für nur an Mitglieder verkaufende Konsumvereine gewährten Steuerbefreiung (Befreiung von der Gründungstaxe, Registrationsgebühren, Stempeltaxen, vom städtischen Einfuhrgeld), konnten diese Vereine bis in die neunziger Jahre eine grosse Verbreitung nicht finden. Heute aber sind es deren, nach der 1898 in London herausgegebenen „Statistik der genossenschaftlichen Vereine“, immerhin 1100, darunter die „Unione Militare“ mit 15 000 und der Arbeiterkonsumverein in Turin mit über 7 000 Mitgliedern.

Am zahlreichsten sind in Italien die Beamtenkonsumvereine,

neben denen der im Jahre 1889 in Rom begründete Konsumverein für Offiziere und Beamte des Heeres eine grössere Rolle spielt. Ihnen hat der Staat noch besondere Vergünstigungen angedeihen lassen, in der Absicht, auf diese Weise den Offizieren und Beamten für ihr geringes Gehalt ein Äquivalent zu bieten. Die Mitglieder geniessen einigen Kredit und noch andere Vorteile.

Als vor einem Jahrzehnt die „Union militare“ damit begann, auch an Nichtmitglieder (Private) zu demselben Preise wie an Mitglieder zu verkaufen, wurde eine Agitation eingeleitet, die aber ein nennenswertes Resultat bisher nicht erzielt hat. Überhaupt bestehen Detaillisten-Vereine und -Verbände zum Schutz und zur Abwehr der Konkurrenz nur vereinzelt; ihre Gründung erfolgt zumeist gelegentlich und für nur vorübergehende Zwecke. Andere Versuche, Genossenschaften zu gemeinschaftlichem Ein- und Verkauf zu gründen, sind zwar eingeleitet, aber bald wieder aufgegeben worden.

6) Rumänien. Bis zum Jahre 1884 hatte der ansässige Kleinhandel in Rumänien unter einer scharfen Konkurrenz der Hausierer, namentlich in Manufaktur- und Kurzwaren, aber auch in Kolonialwaren etc. zu leiden. In dem genannten Jahre wurde ein Gesetz über den ambulanten Handel erlassen, das den Hausierern und Detailreisenden, sowie für die Veranstaltung von Auktionen erhebliche Beschränkungen auferlegte. Seitdem hat die Konkurrenz des Wandergewerbes erheblich nachgelassen. Nach einer Schätzung (Jassy) war das Verhältnis der Hausierer zu den ansässigen Detaillisten im Jahre 1893 kaum noch 1 : 4; in Wirklichkeit stellt sich aber das Verhältnis viel günstiger. In der obigen Ziffer sind nämlich diejenigen Hausierer mitberücksichtigt, denen das Gesetz den Betrieb ihres Gewerbes verbietet und die unter allerlei Deckmänteln und mit mannigfachen Hilfsmitteln ihr Gewerbe betreiben.

Verboten ist der Hausierhandel in den Stadtgemeinden; nur „Erzeugnisse des Ackerbaues, der Waldwirtschaft, der Gärtnerei, der Hausindustrie“ können von dem Ministerium freigegeben werden. In diesem Falle bedarf es auch der sonst erforderlichen gemeindebehördlichen Genehmigung nicht.

Erlaubt dagegen ist der Hausierhandel — soweit nicht dem Specialreglements entgegenstehen — in den Landgemeinden und auf den behördlich genehmigten Märkten. Die Genehmigung zum Betrieb des Hausiergewerbes, die in der Ausfolgung eines „Hausierbüchelchens“ besteht, wird nur nach Vorlegung der Steuerquittungen erteilt. Sie muss versagt werden aus gesundheitspolizeilichen Rücksichten, wegen des zu jugendlichen Alters (18 Jahre), wegen der Vergangenheit oder des gegenwärtigen schlechten Lebenswandels des Nachsuchenden.

Für die Übertretung der Hauptbestimmungen des Gesetzes wird eine Geldstrafe von 100—1000 Frs. angedroht. —

Die Handelsreisenden, die Privatkundschaften aufsuchen, sind den Bestimmungen über Hausierer unterstellt. Art. 5 des Gesetzes über das Hausierwesen behandelt Kommissionäre, Agenten und alle Vermittler zwischen Industriellen und Kaufleuten. Sie dürfen nur Waren zum Verkaufe anbieten oder Bestellungen annehmen von und für ihre Detail- oder Engros-Kaufleute. Sie sind verpflichtet, bei der Handelskammer, mangels einer Handelskammer aber bei dem Bürgermeisteramt die Häuser anzuzeigen, für welche sie arbeiten, und die Vollmacht zu hinterlegen, kraft deren sie befugt sind, Aufträge für ihre Häuser entgegenzunehmen.

Auf Handelsreisende aus dem Auslande bezieht sich Art. 9 des Licenzgesetzes. Er bestimmt, dass Personen, welche mit verschiedenen Waren oder anderen Artikeln vorübergehend vom Auslande kommen und diese im Detailverkauf an Einzelpersonen oder im Engrosverkauf an Handelshäuser absetzen, als Hausierer angesehen werden und einer Steuer unterliegen, welche halb so hoch ist als die von den mit gleichen Artikeln handelnden Kaufleuten entrichtete, in der Regel $2^1/_2$ % jährlich.

Besonderen Steuern unterliegen die Detailreisenden und Hausierer nicht; sie zahlen ebenso wie der ansässige Kaufmann ihre Patentgebühr.

Die Konsumvereine haben in Rumänien keine grosse Verbreitung gefunden. Manche nehmen an, dass die grosse unter dem ansässigen Kleinhandel vorhandene Konkurrenz die Preise derartig verbillige, dass für die Errichtung von Konsumvereinen absolut kein Bedürfnis vorliege. In Bukarest besteht ein konsumvereinähnliches, von der Generaldirektion der rumänischen Eisenbahnen eingerichtetes Institut, für das die Direktion eine ihrer Verwaltung unterstehende Sektion für den Ankauf von Waren und deren Abgabe an Eisenbahnbeamte und -Arbeiter zu ermässigten Preisen bestellt hat.*

* Eine weitere Verbreitung scheinen andere Genossenschaftsformen in Rumänien gefunden zu haben So bestehen in Bukarest 2 Schuhmachergenossenschaften, die ihren Mitgliedern die Rohmaterialien, das Handwerkszeug etc. durch gemeinschaftlichen Einkauf verschaffen und Verkaufsbazare unterhalten. Beide Genossenschaften haben sich vorzüglich bewährt und verfügen über angemessene Kapitalien.

Noch interessiert vielleicht die Bestimmung des Gesetzes über den Hausierhandel hinsichtlich des Ausverkaufs; Art. 3 des Gesetzes schreibt vor: „Kein Ausverkauf von Waren — mit Ausnahme von Restwaren am Saisonschluss — darf veröffentlicht oder affichiert werden, ohne eine vorgängige Genehmigung der Handelskammer oder der Kommunalbehörde, da wo keine Handelskammer ist.“ Art. 4: „Die Genehmigung kann nur erteilt werden im Falle des Falliments (Konkurses), des Ablebens oder der Geschäftsaufgabe. Die Genehmigung wird für eine bestimmte Zeit erteilt; die Frist kann verlängert werden, im Falle die Notwendigkeit festgestellt wird.“

7) Russland. Die Lage des Kleinhandels in Russland bietet kein einheitliches Bild. Die Konkurrenz in West- und Mittelrussland ist nicht erheblich, wohl aber in Südrussland. Die Konkurrenz nimmt hier mit jedem Jahr zu und soll sich seit 1870 um mehr als das Dreifache gesteigert haben.

Ein Verbot gegen ausländische Hausierer erliess die russische Regierung im Jahre 1892, das sich hauptsächlich gegen die das Gouvernement Warschau bereisenden, mährischen Händler mit Schürzen, Leinwand, Bettinletten, Bändern etc. richtete. Das Verbot erfolgte indessen mehr aus politischen Gründen, als aus Rücksicht auf den ansässigen Kleinhandel. —

Von ganz geringer Bedeutung sind in Russland die Konsumvereine. Die russische Regierung schenkt ihnen — trotz ihrer sonst genossenschaftsfreundlichen Haltung z. B. gegenüber den Vorschussvereinen — keine Beachtung. Die Zahl der bestehenden ist sehr gering und es fehlt ihnen jede einheitliche Leitung und jeder Zusammenschluss.

8) Schweden. Nach der Mitteilung des Kgl. Schwedischen Kommerzkollegiums ist daselbst der Gewerbebetrieb im Umherziehen nur wenig verbreitet. Nach der Aufstellung dieses Amtes belief sich die Zahl der von Hausierern und Detailreisenden gelösten Patente: im Jahre 1870 nur auf 517, 1891 auf 538, 1896 auf 580. Eine eigentümliche Art von Hausierern bilden in Schweden die sogenannten Landhändler; das sind Leute, die sich an den Eisenbahnstationen ansiedeln, um hier kürzere oder längere Zeit Handel zu treiben. Häufig wechseln sie, zuweilen alljährlich und noch öfter ihren Wohnsitz um an einem andern Orte ihr Geschäft von neuem zu beginnen. Dadurch kommen sie dem Stande und Charakter von Hausierern nahe.

Gesetzliche Bestimmungen über das Hausiergewerbe sind in

der schwedischen Gewerbeordnung vom 23. Oktober 1887, §§ 10 und 26, Abs. 2 enthalten. Der Hausierhandel ausserhalb des Wohnortes ist nur gestattet nach erteilter behördlicher Genehmigung; dieselbe erfolgt in der Form eines Patentes, das die Dauer der Erlaubnis und eine vollständige Personalbeschreibung des Hausierers enthält. Der die Genehmigung Nachsuchende hat ein Leumundsattest, eine Bescheinigung über Dispositionsfähigkeit, Redlichkeit und Ordentlichkeit beizubringen. Die Gültigkeit des Patentes darf sich nicht über ein Jahr hinaus erstrecken.

Nach § 26 Abs. 2 ist Ausländern untersagt, in Schweden Hausierhandel zu betreiben oder dabei als Gehilfe zu fungieren. —

Die ausländischen Handelsreisenden unterliegen bekanntlich einer hohen Besteuerung. — In neuester Zeit beschäftigte sich überhaupt die Gesetzgebung mehrfach mit dem Gewerbebetrieb im Umherziehen; so ergingen neuere Bestimmungen unterm 30. Juni 1893, 28. Juni 1895, 21. Mai 1897 u. s. w.

Ziemlich verbreitet sind die Konsumvereine; ihre geschäftliche Thätigkeit allerdings ist nur ausnahmsweise bedeutend. In dem Bericht der schwedischen Konsumvereine auf dem Kongress der englischen Genossenschaften (1886) heisst es: „Sie wirken alle gut, aber sie haben viel Feinde unter den Krämern und keine Unterstützung bei den oberen Klassen und bei den Behörden, daher sind die Erfolge meist nur gering.“

Nach dem Muster des deutschen Warenhauses für Offiziere besteht auch in Stockholm ein Offizierverein; seine Mitglieder bedienen sich jedoch vielfach anderer Bezugsquellen. —

9) Vereinigte Staaten. Die Lage des Kleinhandels in den Vereinigten Staaten ist eine andere in den Oststaaten der Union mit ihren reich bevölkerten Städten, eine andere im Westen mit seiner spärlichen Bevölkerung und seinen fast noch ganz unentwickelten Verkehrsverhältnissen. Im Osten setzen die gleichen Konkurrenzformen wie in Europa: Hausierer, Handlungsreisende und kapitalistische Grossbetriebe, dem ansässigen Kleingewerbetreibenden arg zu. Im Westen dagegen ist von einer derartigen Konkurrenz wenig oder gar nichts zu merken; hier bildet das Wandergewerbe, abgesehen von den grossen Städten, oft noch die ursprüngliche und einzige Handelsform, und ist der Verdienst des herumziehenden Hausierers noch so lockend, dass er sich durch die mancherlei Gefahren, die Unbill der Witterung, die schlechten Zustände der Strassen u. s. f. nicht abschrecken lässt.

Ein weiterer Unterschied besteht zwischen dem platten Land und den Grossstädten. Auf dem Lande war früher der Hausierhandel bedeutend stärker vertreten. Als Grund für die Abnahme wird angeführt, dass die (mit Zeitungen und kostenfreien amtlichen Drucksachen vorzüglich versorgte) Landbevölkerung geschäftskundiger geworden sei. Sodann hat die Post zu einem mässigen Satz (1 Cent für je eine, bezw. bei Sämereien, Blumenzwiebeln, Ablegern und Stecklingen für je zwei Unzen) Waren und Warenproben aller Art im Höchstgewicht von 4 Pfund mit wenigen Ausnahmen (giftige und übelriechende Stoffe, feuergefährliche Sachen, lebende Tiere, Spirituosen und Brennölfabrikate) zu befördern unternommen. Dagegen haben sich in den grossen Städten und überhaupt in den Staaten des Westens die Hausierer nicht unbeträchtlich vermehrt und bereiten dem ansässigen Kleinhandel eine scharfe Konkurrenz. So haben sich in St. Louis die Hausierer seit dem Jahre 1870 mehr als verdoppelt. Gleichwohl scheint die Konkurrenz auch hier nicht so drückend zu sein, wie in Deutschland. Denn einmal fehlt es gänzlich an Vereinigungen von Detaillisten, obwohl solche bei dem freiheitlichen Geist der nordamerikanischen Gesetzgebung das einzige Mittel zur Abwehr der gefährlichen Konkurrenz wären. Die Vereine von Kleinkaufleuten nämlich, wie Kleider- und Kolonialwarenhändler, dienen fast ausschliesslich nur geselligen Zwecken. Anderseits wird für einzelne grosse Städte, wie z. B. Chicago, das Bestehen jeder Konkurrenz seitens des Hausierhandels geleugnet. Die dortigen Hausierhändler führen meist minderwertige Ware und setzen diese an die ärmeren Leute in entlegeneren Stadtteilen ab. Es gab im Jahre 1893 dort etwa 5000 Kolonialwarenhändler und nur halb so viel Hausierer. Eine eigentliche Konkurrenz wird dem dortigen Kleinhandel nur durch die grossen Detailgeschäfte bereitet, welche sämtliche Haushaltungs- und Lebensunterhaltsartikel führen und infolge ihres Massenabsatzes meist mit etwas geringerem Nutzen als die Kleinhändler verkaufen können.

Das Hausiergewerbe wird vielfach von Ausländern ausgeübt. So in St. Louis vornehmlich von irischen Juden und Italienern, welch letztere ausschliesslich den Hausierhandel in Früchten in den Händen haben. —

Bundesrechtlichen Beschränkungen unterliegt das Hausiergewerbe in den Vereinigten Staaten nur insofern, als seine Ausübung einer Licenz bedarf. Ausserdem haben, nach U. S. Revised Statutes sec. 3244 und 3381—84 die Hausierer in Tabak eine

Licenzabgabe (special tax) von 10, 15, 25 oder 50 Doll. zu entrichten, je nachdem sie zu Fuss, mit einem oder zwei oder mit mehr als zwei Lasttieren reisen. Ferner müssen sie für die Erfüllung ihrer steuerlichen Verpflichtungen eine Kaution von 2000 Doll. (!) stellen und einen Erlaubnisschein führen. —

Daneben bestehen noch Vorschriften der Einzelstaaten, Grafschaften und Städte:

In Missouri z. B. (Mo. Rev. Stat. sec. 7211—7222) bedarf der Hausierer eines Erlaubnisscheins, auf welchem die Art seines Geschäftsbetriebs und eventuell die Art seines Gefährts oder Bootes ersichtlich zu machen ist. Kein Hausierer soll Weine oder Spirtuosen verkaufen. Die Steuer beträgt 3, 10 oder 20 Doll. halbjährlich oder einen Dollar täglich für einen Zeitraum von nicht weniger als fünf Tagen, je nachdem der Zahler zu Fuss, zu Pferde, mit einem Wagen oder mit einem Schiffe reist. Jedermann kann gegen Entrichtung der Steuer den Erlaubnisschein erhalten. Die einzelnen Grafschaften des Staates sind berechtigt, den Hausierern eine Grafschaftsabgabe in Höhe der Steuer aufzulegen. Jeder Hausierer muss auf Verlangen eines Sheriff, Collector, Constable oder hausbesitzenden Bürgers bei Strafe von 10 Doll. seinen Erlaubnisschein vorweisen. Auf unberechtigtes Hausieren steht eine Strafe von 10, 25, 50 oder 100 Doll., je nach der Art des Geschäftsbetriebes.

In Ohio unterliegt der Hausierer einer jährlichen Steuer von 12, 20, 28 oder 60 Doll., je nachdem er zu Fuss, zu Pferd, mit einem Ein- oder Zweispänner oder zu Schiff hausieren will. Ausserdem muss er noch sein Warenlager gleich jedem andern Geschäftsmann besonders versteuern. Nach Zahlung der Steuer wird von dem Grafschaftsauditeur ein Erlaubnisschein ausgestellt und zwar in der Regel auf ein Jahr.

In New Mexico wird von den Hausierern eine Steuer von 10, 15, 20 oder 60 Doll. erhoben, je nachdem sie zu Fuss, mit 2 Zugtieren oder mit mehr als 2 Zugtieren oder in Spirituosen hausieren.

In Tennessee haben die Hausierer eine Staatssteuer zu entrichten, von welcher aber Veteranen aus dem mexikanischen Kriege befreit sind und die von dem Grafschaftsgerichte auch anderen Personen erlassen werden darf.

In Arkansas besteht eine Staats- und eine Grafschaftssteuer von je 25 Doll.

In Kalifornien besteht für jeden Traveling merchant, Hawker oder Peddler, der mit Waren irgend welcher Art, die nicht innerhalb des Staates hergestellt sind, handelt, eine Steuer von 5 oder 15 Doll. für den Monat, je nachdem er sich bei seinem Geschäfte eines Wagens bedient oder nicht. Steuerdefraudationen werden mit einer polizeilichen Strafe geahndet.

In Colorado und Kansas fehlen einschlägige Gesetze.

In Chicago haben die Hausierer eine jährliche Steuer von 10 Doll. an die Stadtverwaltung zu entrichten.

In St. Louis haben Hausierer und solche Höker, die nicht die Früchte ihres eigenen Bodens verhandeln, gegen Entrichtung einer gewissen Gebühr einen Erlaubnisschein zu lösen, der auf Verlangen jedem Sicherheits- oder städtischen Beamten vorzuzeigen ist. Ferner ist ihnen untersagt, an Sonntagen Früchte, Vegetabilien oder sonstige Nahrungsmittel zu verkaufen. Zuwiderhandlungen werden mit einer Strafe von 50—500 Doll. geahndet. —

Was die Handlungsreisenden anlangt, so wird über deren Konkurrenz namentlich im Westen, in Kalifornien geklagt. Indessen ist es vornehmlich die dortige Industrie, der diese Konkurrenzform zusetzt, insofern als die östlichen Fabrikanten, die unter besseren Produktionsbedingungen arbeiten, als die dort noch junge und unentwickelte Industrie, durch ihre reisenden Vertreter für ihre Erzeugnisse auf dem kalifornischen Markte Absatz suchen. Bis zum Jahre 1887 unterstanden die Handelsreisenden einer äusserst strengen Gesetzgebung seitens der Behörden der einzelnen Staaten und der Städte. Sie mussten oft für jeden Ort, den sie besuchen wollten, sich eine Licenz verschaffen und Steuern entrichten und wurden bei Zuwiderhandlungen mit Geldstrafen belegt und verhaftet. Dies führte häufig zu gerichtlichen Klagen, und die Entscheidungen fielen bald zu Gunsten bald zu Ungunsten der Beschwerdeführer aus. Seit 1887 ist in diesen Verhältnissen eine Wandlung eingetreten. In der Gesetzgebung der einzelnen Staaten und Gebiete innerhalb des Distrikts von Chicago bestehen keine Vorschriften hinsichtlich der Handelsreisenden, insbesondere was die Bezahlung einer Gewerbesteuer anbetrifft. In Texas dagegen müssen sie eine Licenz lösen, die jährlich 50 Doll. kostet. — Handelsreisende, die sich vorübergehend in den Staaten innerhalb des Gerichtsbezirks von New York aufhalten, bedürfen keiner Licenz und unterliegen in ihrem Geschäft keinerlei Beschränkungen. Ebensowenig im Gerichtsdistrikt Philadelphia. —

Eine Konkurrenz seitens der Konsumvereine besteht in den Vereinigten Staaten nicht. Wie bekannt, haben diese in der Union überhaupt nur eine geringe Verbreitung gefunden, eine Folge der ungestümen Hast im dortigen Erwerbsleben, des vielfach üblichen Kreditsystems und der grossen Zahl und Verschiedenartigkeit der Nationalitäten. —

Überhaupt wird in den Vereinigten Staaten der Kleinhandel weniger durch die Konkurrenz der Hausierer und Konsumvereine, als durch die Trusts beeinflusst. Diese Vereinigungen, welche über eine ungeheuere Geldmacht verfügen, haben sich ein Monopol nicht allein über die unentbehrlichsten Bedarfsartikel, wie Fleisch, Zucker, Mehl, Salz, Kohlen, Petroleum u. s. w., sondern auch über fast alle anderen viel gebrauchten Massenartikel gesichert.

Inhaltsübersicht.

Kolibri 360 GmbH
Ferdinand-Jühlke-Straße 7
99095 Erfurt, Deutschland
produktsicherheit@kolibri360.de